NOCES

Direction éditoriale : Catherine Laulhère-Vigneau
Responsable éditoriale : Julie Rouart
Conception graphique : Axel Buret
Relecture : M. Poupard
Fabrication : Élodie Conjat
Photogravure : PPDL, Boulogne

ISBN : [illegible]-08010556-6
N° d'éd[illegible]on : FA 0556
Dépôt lé[illegible]al : Août 2001
Impression et reli[illegible]e : Grafedit, Bergame.

NOCES

TIZIANA ET GIANNI BALDIZZONE

Flammarion

NOCES

I · LE JASMIN
des Tamouls en Inde du Sud

p. 9

II · L'AMBRE
des Berbères au Maroc

p. 31

III · L'ARGENT
des Miaos noirs en Chine

p. 49

IV · LA LAINE ROUGE ET LES PLUMES DE FAISAN
des Miaos Petites Fleurs en Chine

p. 69

V · LES BONNETS ROUGES ET LES BOTTES EN PEAU DE RENNE
des Lapons

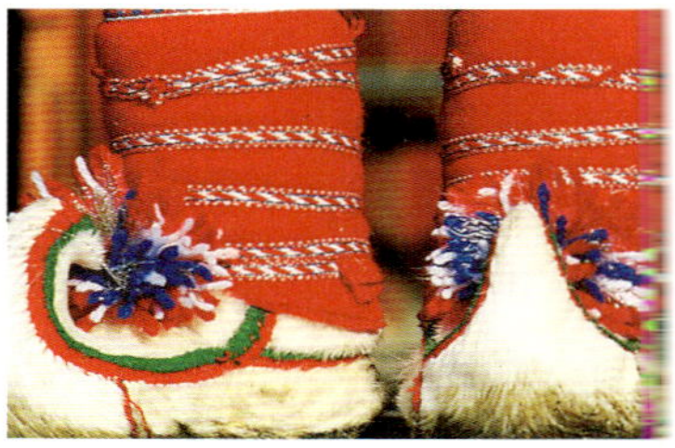

p. 95

SOMMAIRE

p. 103

VI · LE CORAIL ET LES TURQUOISES
des Tibétaines

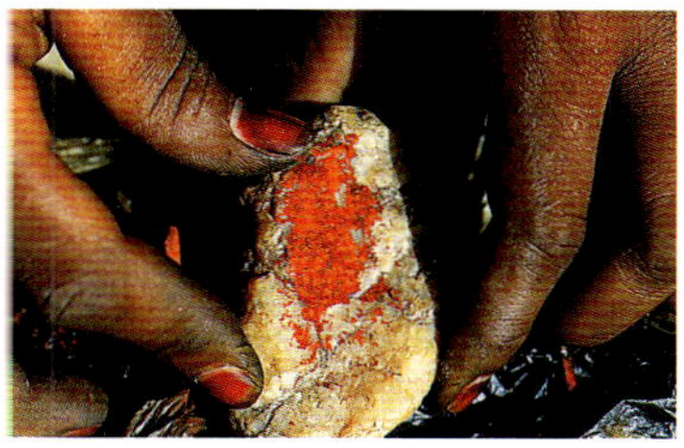

p. 119

VII · LA LATÉRITE
des Touaregs Kel Air au Niger

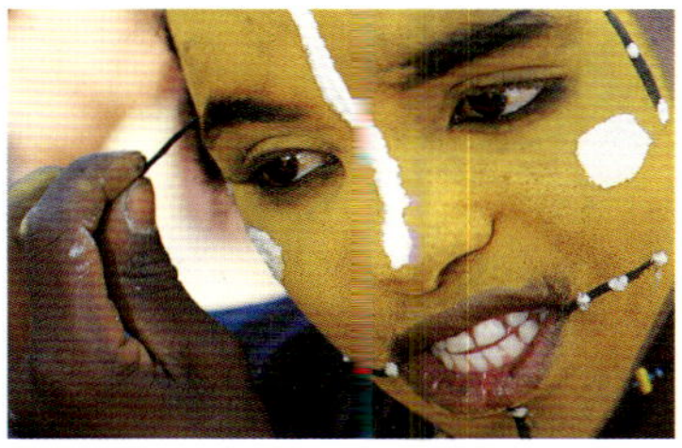

p. 137

VIII · L'OCRE
des Peuls Bororos au Niger

p. 165

IX · LE HENNÉ ET LES PERLES
des Fassi au Maroc

p. 187

X · L'OR
des Minangkabaus à Sumatra

Quel vœu les turquoises tressées dans les cheveux des épouses tibétaines sont-elles censées exaucer ? Quel secret se cache derrière cette coutume qui veut que l'on recouvre de perles la tête et le torse des fiancées de Fès, au Maroc ? Quelle est l'origine des bijoux en argent des Miaos noirs de Chine ? Qui sont les *neggafa* du Maroc et pourquoi, chez les Touaregs, confie-t-on le soin de coiffer et de maquiller la jeune épouse à la femme du forgeron ? La réponse se trouve souvent dans les mythes, les légendes et les superstitions d'un autre temps. Au-delà de l'aspect religieux et social, les us et coutumes liés au mariage ont pour but d'entourer le couple de bons augures et de le protéger d'éventuelles influences négatives.

En Italie, par exemple, un vieil adage conseille aux jeunes épouses, si elles veulent avoir de la chance et mettre au monde des enfants mâles, de porter le jour de leurs noces quelque chose de vieux, quelque chose de neuf et quelque chose de bleu. Chez les Miaos noirs du Guizhou, l'argent a pour but d'éloigner les démons. Au Maroc, le henné – la poudre du paradis qui embellit les mains et les pieds des épouses – sert aussi de rempart contre les assauts du mauvais œil.

Les cérémonies de mariage diffèrent d'un pays à l'autre, tout comme la demande en mariage, les rituels du cortège ou ceux qui scellent l'union des époux. On retrouve cette même diversité dans le choix des matériaux qui composent les parures nuptiales et qui ont toujours une signification : l'or dont sont couvertes les épouses Minangkabaus témoigne du faste des anciennes noces royales, quand Sumatra s'appelait l'île de l'or, tandis que le jasmin, au parfum envoûtant et sensuel, fait partie intégrante de la coiffure nuptiale tamoule. Chez les nomades du Tibet, les filles à marier rassemblent leurs cheveux en trois grosses tresses, alors que celles qui sont sur le point de convoler arborent la coiffure nuptiale : cent huit minuscules tresses fixées par un bandeau de coraux et de turquoises. Pour une jeune Minangkabau, les ongles peints au henné rouge annoncent qu'elle va bientôt se marier ; et si les visages peints avec de l'ocre des Peuls Bororos doivent séduire le beau sexe, les plumes de faisan que les hommes Miaos Petites Fleurs portent sur la tête prouvent leur courage et leur habileté.

Les pages qui suivent sont une invitation à découvrir quelques-uns des aspects les plus divers des rites et des traditions nuptiales. Nombreuses sont les cultures qui les ont sagement conservés jusqu'à nos jours, envers et contre les effets de la mondialisation.

Ce livre ne soulève qu'une petite partie du voile discret qui entoure époux et cérémonies de noces. Il n'a pas été facile de gagner la confiance des fiancés et de leurs familles. Bien que nous ayons toujours essayé d'être discrets, cet ouvrage constitue une sorte d'intrusion dans l'un des moments les plus importants de leur vie.

Nous pouvons seulement espérer que notre témoignage sera fidèle aux désirs de ceux qui nous ont accordé leur confiance et qui nous ont ouvert les portes de leurs maisons.

Tiziana et Gianni Baldizzone

Associé au mariage pour son parfum sensuel, le jasmin fait partie intégrante de la coiffure nuptiale des épouses tamouls.

Rakoli, bijou qui fixe sur la tête la coiffe de fleur de la mariée.

LE JASMIN

des Tamouls en Inde du Sud

Fermoir représentant Surya, le Soleil.

Cueillette du jasmin.

Nous avons rencontré Sarangan et Jyoti la veille de leurs noces. Ils appartenaient tous les deux à des familles de brahmanes shivaïte orthodoxes du Tamoul Nadu ; ils venaient de se rencontrer et se voyaient pour la première fois. Mais, contrairement à ce que l'on pourrait croire, ils n'avaient l'air ni triste ni résigné : leurs familles se réjouissaient et le sourire des deux fiancés resplendissait de bonheur.

Alliance entre deux familles plus qu'alliance d'amour, le mariage traditionnel en Inde est encore aujourd'hui une union arrangée. Ce sont les parents qui choisissent le ou la partenaire de leur enfant. Ils prennent leur décision en se basant sur la confrontation des horoscopes des futurs époux, sur la généalogie et sur des valeurs fondamentales comme le respect, l'éducation, la gentillesse d'âme, les inclinations des deux jeunes gens et, pour finir, sur le tempérament de la mère du marié. En effet la belle-fille – moins que par le passé cependant – est toujours soumise après les noces à l'autorité de sa belle-mère.

Le mariage combiné est plus souvent qu'on ne le croit en Occident un choix heureux et partagé par les jeunes gens.

Sarangan, ingénieur informatique et Jyoti, graphiste, tous deux sur le point de partir vivre aux États-Unis, avaient tout naturellement accepté l'union choisie par leurs familles respectives.

La mère de Sarangan, une femme très religieuse particulièrement versée dans l'astrologie, avait veillé elle-même à la confrontation des deux horoscopes et vérifié qu'ils étaient bien compatibles. Après avoir écarté l'éventualité d'un obstacle astral, les deux familles avaient pu entrer en contact et vérifier les chances de succès de cette union à laquelle les étoiles ne s'opposaient pas ; des prêtres et des astrologues avaient ensuite calculé le moment le plus propice et fixé la date du mariage.

La première invitation avait été remise à Ganesh, dieu bienveillant à la tête d'éléphant, connu pour être « celui qui enlève les obstacles ».

Le jour fixé pour le début des cérémonies de noces, nous nous sommes rendus à la maison de Sarangan. Le soleil n'était pas encore levé. Sur le seuil, les motifs floraux des *kolam*, dessinés par les femmes avec de la farine de riz et de la poudre de brique, souhaitaient la bienvenue aux dieux, invités à descendre sur terre pour bénir le jeune couple.

Sarangan, un peu mal à l'aise dans son fin *dhoti* en coton, attendait l'arrivée du prêtre de famille chargé de célébrer les rites qui précèdent la cérémonie de fiançailles. Préliminaire aux rituels nuptiaux, le *Vagdanam* précède d'un jour le mariage proprement dit et scelle le contrat entre les deux familles. Les parents s'engagent solennellement à célébrer l'union de leurs enfants respectifs.

Dans l'intimité de sa maison, chacun des deux fiancés a adressé une prière à Ganesh, symboliquement représenté par un cône de poudre de tamaris posé sur une feuille de bétel, en l'invoquant par ses cent huit noms différents ; puis ils ont rendu hommage à leurs ancêtres et aux divinités tutélaires avec des dons réservés aux hôtes d'honneur : de l'eau, des fleurs, du bétel et du *kum kum*. Enfin, en signe de renoncement à leur propre ego, ils ont cassé une noix de coco. La noix de coco est le fruit pur par excellence. Elle symbolise en effet les quatre éléments : la coque représente la terre, le lait représente l'eau, l'espace à l'intérieur l'éther et le bruit qu'elle fait en se cassant le vent. Elle fait partie intégrante des rituels nuptiaux hindous.

L'aube se levait à peine quand dans une petite suite de voitures – substitut moderne des charrettes, chevaux et éléphants qui composaient les cortèges nuptiaux décrits dans les

Thalai avec le pendentif, appelé *Chutti*, placé au milieu du front de la mariée tamoul.

Rigveda – nous nous sommes rendus sur le lieu de la cérémonie : le vaste hall d'un hôtel loué pour l'occasion.

La mère de Jyoti a accueilli Sarangan en traçant sur son front le *tika*, un point rouge dessiné au *kum kum*, en signe de bienvenue et de vœux de bonheur.

Escortée par sa mère et sa tante maternelle, Jyoti a fait son entrée dans la salle, enveloppée dans un sari violet moiré et or offert par les parents de son fiancé. Le jasmin tombait en cascade sur sa nuque tandis qu'elle avançait avec un charmant sourire, à peine intimidée par le regard à la fois tendre et satisfait que son futur époux posait sur elle. « Heureux celui qui épouse une jeune fille dont la voix est comme le chant du cygne, dont la peau a la couleur des nuages et dont les yeux sont doux avec des reflets dorés », écrivait Satatapa dans les anciens textes. Et Sarangan était visiblement radieux en découvrant sa fiancée.

Aux côtés de leurs parents, les deux jeunes gens ont assisté à la répétition des cérémonies religieuses qui ont marqué les étapes les plus importantes de leur vie depuis leur naissance : le baptême (*Namakarana*) et le premier repas (*Anna-Prasana*) ; la première coupe de cheveux (*Chuda Karana*) et le jour où on leur a remis le cordon de coton torsadé, symbole de leur appartenance à la caste des brahmanes.

Le mariage marque le moment où un homme va assumer les devoirs familiaux et sociaux qui lui incombent. Il est de ce fait pour les Hindous le plus important des *samskara*, mot intraduisible assez proche cependant de notre « sacrement ». Dérivé du sanscrit, il désigne cet ensemble de rites visant à purifier l'esprit et le corps.

Les familles de brahmanes très pratiquantes tiennent beaucoup à cette répétition symbolique des *samskara* qui doit absolument précéder le mariage et sans laquelle l'union ne saurait être parfaite. En outre, pour les Hindous, seul un homme accompagné de son épouse a le droit de célébrer les rituels devant le feu sacré – symbole d'énergie et donc de genre féminin. Tant qu'ils ne sont pas mariés, les jeunes gens doivent laisser leurs parents répéter les invocations aux ancêtres et les offrandes de riz, de banane et d'argent à Kuladeva, l'une des formes de la déesse Parvati qui incarne la divinité du foyer et de la famille.

Ganesh fait en jasmin. Ganesh, le dieu bienveillant à qui est envoyé la première invitation aux noces.

À DROITE ET DOUBLE PAGE SUIVANTE
Préparation de l'épouse le jour de son mariage.

Plus qu'un simple sacrement religieux, le mariage est un rite de passage vers un nouvel état conjugal. Il est marqué par une attention toute particulière aux soins corporels. Les bains rituels dans de l'eau mélangée avec des huiles essentielles et de la poudre de tamaris ont un effet antiseptique et purificateur. Le rouge intense que laisse le henné sur le bout des doigts des jeunes mariés est l'emblème de l'amour conjugal et évoque leur union sexuelle.

Le jour des noces, il faisait encore nuit noire quand Jyoti a commencé à se vêtir. Le moment favorable pour débuter la cérémonie avait été fixé à six heures du matin. Or pour les Hindous les événements de la vie, bons ou mauvais, sont déterminés par le moment où ils ont été lancés : la jeune épouse ne pouvait donc pas se permettre d'arriver en retard.

Dans la pièce, une incroyable quantité de fleurs dégageait un intense parfum. Elles étaient là pour compléter la beauté de Jyoti : boutons de tubéreuses, petites corolles de *kanakambaram*, d'un orange délicat, laurier-rose… et, surtout, des guirlandes de jasmin, dans chacune des deux variétés connues, le *malligai*, ou jasmin ordinaire, et le *mullai*, aux petites fleurs rosées. Associé au mariage à cause de son parfum sensuel et envoûtant, le jasmin fait partie intégrante de la coiffure nuptiale des épouses tamouls.

Jyoti et Sarangan après le rituel du *varmala*,
un échange de colliers de fleurs qui
symbolise le lien unissant le couple.

Rubis et perles sur le *thalai* de Jyoti.

Les mains et les pieds peints au henné, Jyoti reçoit avec Sarangan la bénédiction de ses parents et de ses amis.

Une coiffeuse convoquée spécialement pour l'occasion a fixé sur la nuque de Jyoti un bijou arrondi en or, perles et rubis appelé *rakoli* ; puis elle a tressé les boutons de fleurs non éclos dans sa chevelure. Elle a ensuite fait disparaître la longue tresse de cheveux noirs sous une bande de carton sur laquelle les maîtres guirlandiers de Chennai avaient cousu un fin tissage de corolles de jasmin, de *kanakambaram*, de tubéreuses, d'herbes aromatiques et de rubans colorés. La sœur de Jyoti a recouvert la raie qui séparait en deux les cheveux de la jeune mariée avec un fil de perles et de rubis terminé par un pendentif. Elle a fait en sorte que celui-ci tombe juste au milieu du front. Elle a disposé le *thalai* de perles et de rubis, puis elle a complété la coiffure avec deux broches représentant Surya et Soma, le soleil et la lune, en hommage au premier mariage brahmanique décrit dans les *Rigveda*.

Les anciennes écritures considèrent les noces brahmaniques comme la forme de mariage la plus pure. Le cérémonial est complexe, mais il prévoit aussi quelques facéties. Par exemple – c'est une blague très fréquente chez les Tamouls – le fiancé fait semblant de ne plus vouloir se marier. Respectueux de cet usage, Sarangan plaisantait, prétendant qu'il avait changé d'avis et qu'il désirait faire un voyage à Varanasi pour compléter son éducation religieuse. En réponse à ses simagrées, les parents de Jyoti le suppliaient de ne pas partir tout en faisant la liste des vertus de leur fille.

Par l'échange des guirlandes de fleurs, Jyoti et Sarangan se sont symboliquement offert leur corps, leur esprit et leur âme. Ce rite, le *varmala*, symbolise le lien physique, moral et social qui unit les deux époux. Puis, assis sur une balançoire ornée de guirlandes de jasmin, les jeunes mariés ont reçu la bénédiction de leurs parents et amis.

Ce geste symbolique rappelle à Jyoti qu'à compter de ce jour elle portera le poids de la famille.

À DROITE
Le père de Jyoti durant la répétition symbolique des sacrements qui précèdent le mariage.

DOUBLE PAGE SUIVANTE
Rituel du *kanyadhaan*, par lequel le père donne sa fille en mariage à Sarangan.

En tenant une petite flamme, la mère de Jyoti a tracé dans l'air – dans le sens des aiguilles d'une montre – les signes circulaires de l'*aarti*, le rituel ancestral par lequel Agni, le feu, est appelé comme témoin pour une cérémonie sur le point de commencer. Puis la mère de Sarangan a fait le même geste avec un plateau rempli de boules de riz de couleur ocre et jaune safran et elle en a déposé quelques-unes aux pieds des époux pour éloigner les influences négatives.
Sous un baldaquin installé à l'intérieur, dans le hall, les brahmanes avaient allumé le feu sacré, destinataire des offrandes aux dieux. De temps en temps, ils l'alimentaient avec un peu de beurre clarifié, le *ghee*.
Assis l'un à côté de l'autre dans le *mandap* – le lieu où Agni, la plus sincère des divinités hindoues, est appelée comme témoin des noces –, instruits par les officiants, Sarangan et Jyoti répétaient des vers en sanscrit. Les mains jointes, ils jetaient dans le feu des offrandes de riz soufflé, de grain, de fleurs et de poudre de *kum kum*.
Une grande émotion a parcouru l'assemblée quand le père de Jyoti l'a prise sur ses genoux – la reconnaissant ainsi comme sa descendante – et qu'il a mis la main droite de sa fille dans celle de Sarangan. Par ce geste, il la lui confiait formellement et la lui donnait comme épouse.
Alors une grande clameur de chants et de tambours s'est élevée pour couvrir le bruit des pleurs que pourraient provoquer la séparation. Ils auraient pu porter malheur.
Sur un signe des brahmanes, les époux se sont levés pour accomplir le rituel de l'*Agni-pradakshina* et *Saptapadi* ou des « sept pas » qui, selon la tradition, scelle le mariage. Sans se toucher, se tenant par le pan de leurs habits, les jeunes gens ont tourné sept fois autour du feu

À la fin du rituel du *saptapadi*, Sarangan pose le pied de Jyoti sur la pierre qui symbolise la stabilité du mariage.

dans le sens des aiguilles d'une montre. Puis Sarangan a pris entre ses doigts l'anneau que la tante de Jyoti avait placé sur l'orteil du milieu du pied de Jyoti et il a fait faire à sa femme sept pas devant le feu en adressant autant d'invocations aux dieux. La première pour qu'ils aient toujours de quoi se nourrir ; la deuxième pour qu'ils soient toujours habités de la même force spirituelle ; la troisième et la quatrième pour qu'il leur soit accordé bonheur et félicité ; la cinquième pour que leur union soit récompensée par des enfants ; la sixième pour le bétail et la septième pour la dévotion. Enfin, il a soulevé le pied droit de son épouse et l'a posé sur une pierre symbolisant la stabilité du mariage.

Enfin, il a dessiné sur sa compagne les signes qui distinguent la femme mariée – le *bindior*, le point au milieu du front, symbole de fertilité et le *sindoor*, vermeil, sur la raie centrale des cheveux. Puis il a attaché autour de son cou le *mangalsutra*, un cordon de soie avec un pendentif en or, emblème du mariage que les femmes indiennes portent jusqu'à la mort de leur mari. Le soir était tombé ; les derniers invités étaient partis. Sarangan a murmuré quelques paroles à l'oreille de Jyoti et il l'a entraînée dehors. Les yeux tournés vers le ciel, il lui a montré l'étoile polaire, indissociablement liée à la constellation de l'Ourse, accomplissant ainsi le dernier rite nuptial.

CI-DESSUS ET DOUBLE PAGE SUIVANTE
Offrandes de fleurs et de riz à Agni, le Feu, appelé comme témoin des noces.

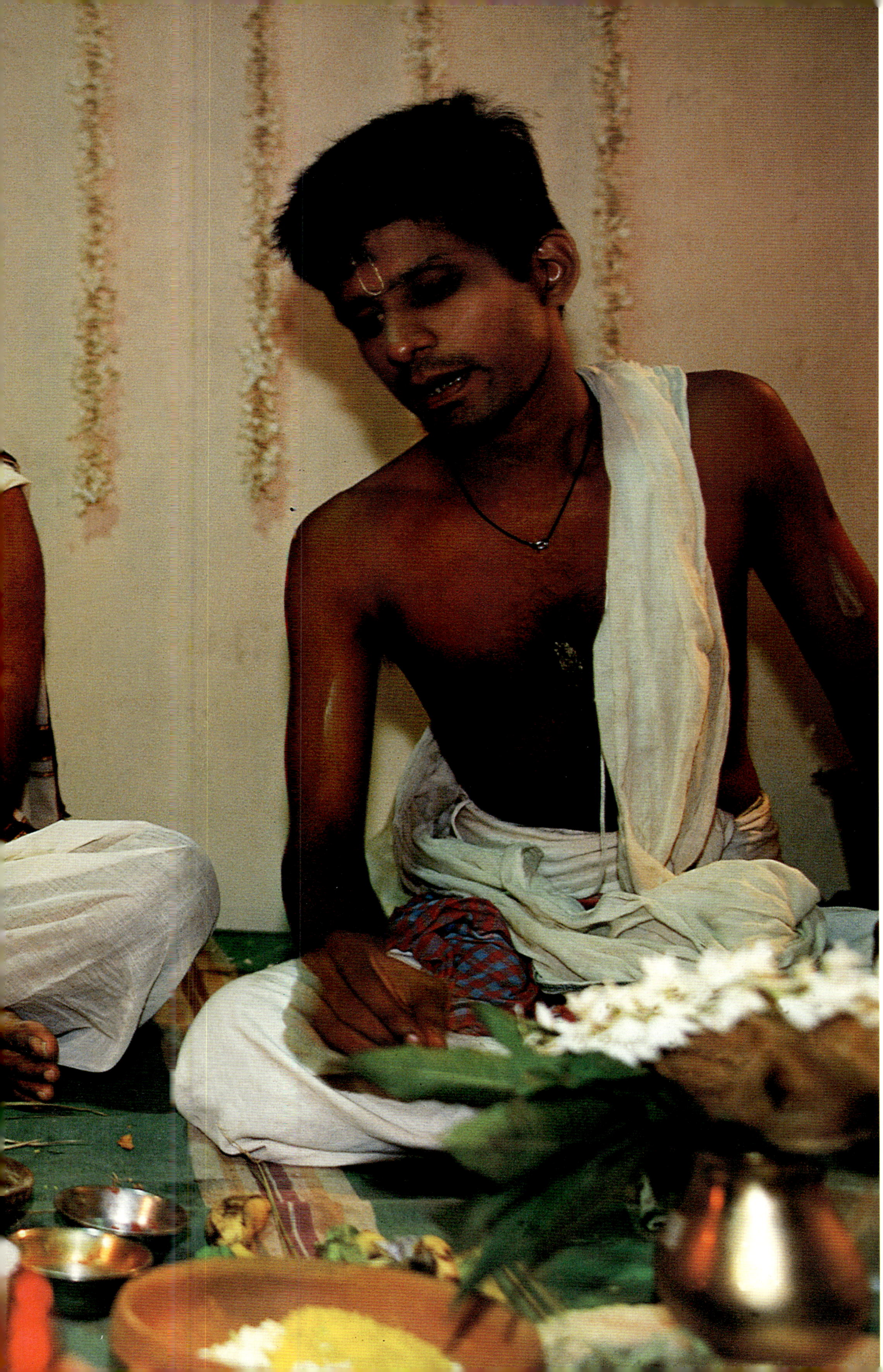

II

Le collier d'ambre fait la fierté des épouses Aït Atta.

Le visage recouvert de l'abroc, Fatima franchit le seuil de la maison le jour de son mariage.

L'AMBRE

des Berbères au Maroc

Les Berbères attribuent à l'ambre des propriétés magiques et curatives.

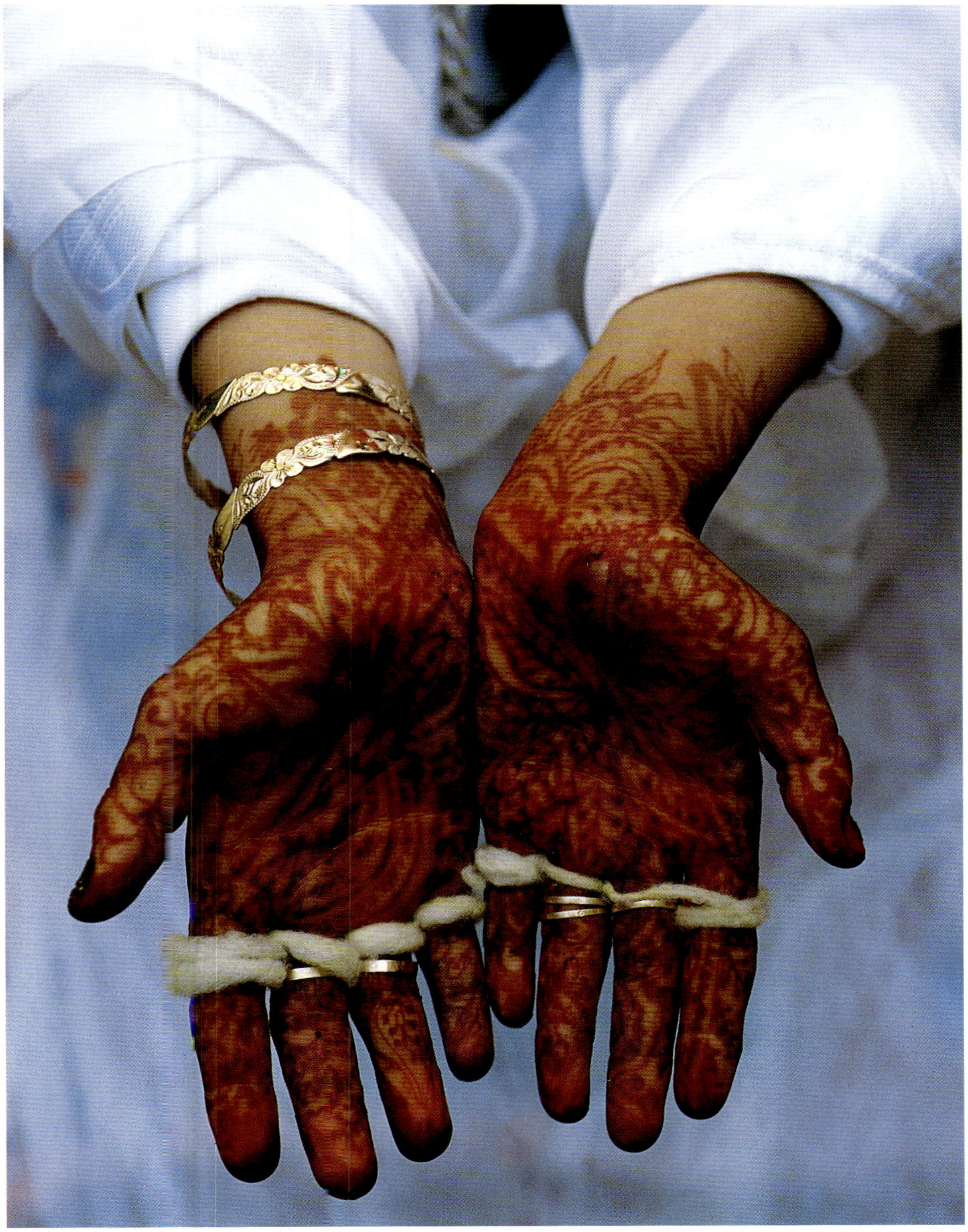

Le jour des noces, les pieds de la mariée ne doivent pas toucher le sol et ses doigts sont liés par un fil de laine afin de la rendre totalement inactive.

Tenue secrète jusqu'au dernier moment par crainte des actes de sorcellerie, la date du mariage de Fatima et Brahim, jeunes Berbères Aït Atta vivant dans un village au sud de l'Atlas ne nous est parvenue que tard dans la nuit.

Les invités dormaient, couchés côte à côte sur des nattes étendues par terre à l'extérieur de la maison de la jeune épouse – une maison en *banco* avec deux cours intérieures sur lesquelles donnaient toutes les pièces. Pendant ce temps-là, en cuisine, les femmes étaient déjà à pied d'œuvre pour préparer un énorme couscous d'agneau avec des pois chiches et des raisins sultanes.

Avant l'aube, le son du tambour a brisé le silence ; un autre lui a répondu, puis un troisième et un autre encore, jusqu'à ce que les murs eux-mêmes semblent vibrer au rythme des pulsations. Appelés par ce signal, les invités se sont rassemblés dans la cour réservée aux hommes, rejoints

par les derniers arrivants qui se serraient les uns contre les autres dans l'obscurité. De temps en temps, quelqu'un fendait la foule avec un plateau chargé de verres de thé à la menthe.
Il nous était impossible de bouger et nous restions aplatis contre le mur en essayant de deviner où était la mariée. Nous demandions à tout le monde où était Fatima, si elle était en train de s'habiller et quand elle allait sortir de la pièce des femmes. Tout le monde nous répondait « bientôt, bientôt ». Mais le temps passait, le soleil à présent s'était levé et il ne se passait toujours rien.
Une fillette toute en os et aux cheveux pleins de poussière s'est frayé un passage vers une porte de l'autre côté de la cour et nous avons aperçu un groupe de femmes parmi lesquelles elle a très vite disparu.
Cette pièce réservée aux femmes était plongée dans le noir. Les murs avaient gardé toute la chaleur accumulée pendant le jour et l'atmosphère était suffocante. Assise par terre, le visage recouvert d'une mousseline blanche, Fatima attendait d'être préparée pour les épousailles : trois jours et trois nuits de fête qui allaient marquer le passage de sa vie de jeune fille à sa vie de jeune femme, la soustrayant ainsi à l'autorité paternelle pour la soumettre à celle de son mari.
Convertis à l'islam depuis la fin du XVIIIe siècle, les Berbères sont presque toujours monogames. Le mariage est un pacte entre deux familles ; mais il n'est pas rare qu'une jeune fille épouse un homme qu'elle a déjà rencontré, avec qui elle a déjà parlé, plaisanté ou même dansé l'*ahouach* ou l'*ahidous*.
Fatima et Brahim étaient cousins germains, ce qui est plutôt fréquent chez les Aït Atta pour qui le mariage consanguin est une institution. Comme le veut la coutume dans une communauté qui accorde à la virginité une importance fondamentale, Brahim avait courtisé Fatima dans un champ cultivé battu par les vents : cet espace ouvert rend les conversations difficiles à écouter mais il ne cache rien aux yeux indiscrets. Ainsi, les fiancés peuvent parler en toute intimité et aucune mauvaise langue ne pourra les accuser d'actes impropres.
Fatima se tenait silencieuse et immobile ; elle avait les mains et les pieds peints au henné, que les Berbères appellent la « poudre du Paradis ». Ses doigts étaient serrés dans un lien de laine blanche, qui avait pour but de la rendre totalement oisive. Elle était ainsi entièrement dépendante des soins de la *ouazira*, l'amie et témoin à qui est confié le soin de s'occuper de la jeune épouse jusqu'à la fin de la cérémonie nuptiale.
Il y avait dans la pièce un grand remue-ménage : une femme se chargeait du vase contenant l'huile pour rendre les cheveux brillants, ce qui est un élément érotique essentiel ; une autre apportait un flacon d'eau de rose ; une autre un *serwal*, ce pantalon de coton serré sous le genou ; une autre la chemise en mousseline blanche de mariée ; et puis une broche, une épingle en argent, un anneau ou un collier en clous de girofle aux vertus bénéfiques.
Les parentes et les amies rivalisaient dans le but de prêter à Fatima un de leurs bijoux : c'est une croyance communément répandue chez les Berbères : lorsqu'on récupère ensuite le bijou, il porte un peu de la *baraka*, ou bonne fortune, de la mariée.
Fatima subissait les attentions des femmes mariées qui lui passaient le khôl sur les yeux et lui rougissaient les lèvres avec le *siouak* fait avec la peau de la racine de noyer. Puis le visage de la jeune fille a disparu complètement sous l'*abroc*. Les mariées berbères portent ce capuchon à deux pointes en soie rouge jusqu'à la conclusion des rites nuptiaux. Elles respectent ainsi l'ancienne coutume qui impose aux femmes berbères de se voiler le jour de leurs noces même si d'ordinaire elles montrent librement leur visage.

Symbole du mariage, la corde de laine sert à tenir le chargement sur les mulets et le jour de l'accouchement.

DOUBLE PAGE SUIVANTE
Lancer d'amandes qui apporteront la *baraka* à la mariée.

Les poignets de Fatima étaient serrés dans de lourds bracelets en argent moulé à douze pointes, en berbère *asbig n iquzzain*, que les femmes Aït Atta portent avec d'autres bracelets décorés de côtes obliques régulières. Chez les Berbères, les bracelets en argent sont associés aux noces pour leur forme circulaire et vide qui symbolise le sexe féminin, et parce que le métal lunaire protège contre le mauvais sort.

Westermarck, chroniqueur attentif des cérémonies de mariage marocaines au début du XXe siècle, parle de la coutume qui consiste à mettre une pièce de monnaie d'argent offerte par le fiancé sous le moulin à main qui va moudre le grain du repas de noces. Il évoque aussi la pièce que l'on doit glisser dans la babouche droite de la fiancée juste après la cérémonie du henné.

La mère de Fatima a sorti d'un vieux coffre en cuir usé un collier fait de grosses boules d'ambre séparées par des petits disques de tissu. En récitant une prière elle l'a posé sur les épaules de sa fille, puis l'a éloigné de son cou pour le faire tomber en arrière.

L'ambre (*lluban*), et le copal, une résine semi fossile proche de l'ambre et originaire du Sénégal, sont appréciés par les Berbères pour leurs propriétés magiques et curatives. Chaud au toucher et de la couleur du miel, symbole de douceur, le collier d'ambre fait la fierté des femmes Aït Atta ; il fait partie des bijoux de famille. On le porte le jour des noces et on le range tout de suite après jusqu'au mariage suivant.

Le visage de la mariée berbère reste voilé pendant toute la durée de ses noces.

DOUBLE PAGE SUIVANTE
Fatima et sa *ouazira*, témoin et assistante de la mariée.

Accompagnée d'un chœur de youyous, Fatima est sortie de la maison. Comme les pieds des épouses ne doivent pas toucher le sol le jour de leurs noces, son frère l'a prise dans ses bras et l'a déposée dans un quatre-quatre, version moderne du mulet sur lequel la fiancé rejoignait dans le temps la maison de son futur époux. Les femmes ont suivi la voiture en tapant sur des tambours en peau de chèvre appelés *tellunt* – comme le tamis pour la farine – et elles ont accompagné Fatima avec des chants de bonheur pour sa nouvelle vie et des chants d'adieu à la maison de son père.

Après avoir fait trois fois le tour de la maison du futur marié dans un tonnerre de pétards, de tambours et de youyous, le cortège nuptial a escorté la mariée jusqu'à un siège apprêté pour elle à l'abri d'un mur. Sur une corde en laine tressée blanche, noire et rouge pendaient les objets du trousseau. Cette corde en laine, qui sert aussi bien à assurer les charges sur le dos des mules qu'à accoucher, symbolise le mariage. Elle est offerte par le père à sa fille le jour où elle quitte sa maison pour rejoindre celle de son futur mari.

Tout le village était en émoi dans l'attente de « la nuit de la virginité ». L'événement, comme tout ce qui touche au sexe féminin, était *hchouma*, un terme difficile à traduire. Il signifie à la fois pudeur et honte.

Pour les Berbères, la première nuit de noces est très importante. Si la jeune fille a le devoir d'être vierge, l'homme se doit de prouver sa virilité. Le sang de la défloration est la seule preuve valable de l'une et de l'autre.

L'acte doit être consommé à la hâte puisque tous les parents, groupés à l'extérieur de l'alcôve nuptiale, attendent avec impatience de voir le *serwal* de la mariée maculé de sang pour pouvoir annoncer que « tout est normal ». Un hymen qui ne saigne pas ou une érection manquée peuvent bouleverser d'une manière dramatique ce jour de fête.

On nous a raconté l'histoire d'un jeune homme qui la nuit de ses noces, perturbé par tant de pression, n'avait pas réussi à consommer le mariage. Ses parents, persuadés qu'il s'agissait d'un acte de

Doubles pages suivantes
Danse rythmée au son des *tellunt*, les tambours en peau de chèvre.

sorcellerie, avaient convoqué le fakir qui avait eu recours à un remède sûr. Il avait écrit quelques versets du Coran sur un parchemin. Puis il l'avait trempé dans un verre pour que l'eau, dissolvant l'encre qui avait servi à tracer les mots sacrés, absorbe leur pouvoir thaumaturgique. Après avoir bu l'eau imprégnée des paroles saintes, le jeune mari avait retrouvé sa virilité et le mariage avait été sauvé.

Le matin qui a suivi la nuit de la virginité, Fatima, avec son habit blanc maculé du sang de la défloration, a reçu pendant des heures les cadeaux et les félicitations des invités. Comme le veut la tradition, de temps en temps elle se levait et soutenue par son amie et témoin, la *ouazira*, elle lançait une poignée d'amandes aux enfants qui se jetaient sur ces fruits imprégnés de la bonne fortune de la mariée en criant « *baraka*, *baraka* ».

Le soleil était bas quand Brahim est enfin apparu, magnifique dans sa *djellaba* blanche. Son arrivée a été le signal pour la danse de l'*ahidous*. Le son des *tellunt* s'est fait plus pressant et les femmes ont donné du souffle à toute la voix qu'elles avaient dans la gorge.

Les jeunes garçons se sont serrés les uns contre les autres, coude à coude dans une longue file qui ondulait face à celle des filles. Elles étaient enlacées, la main droite dans celle de la compagne de gauche et vice versa. Leurs voiles noirs aux broderies vives couvraient leurs visages

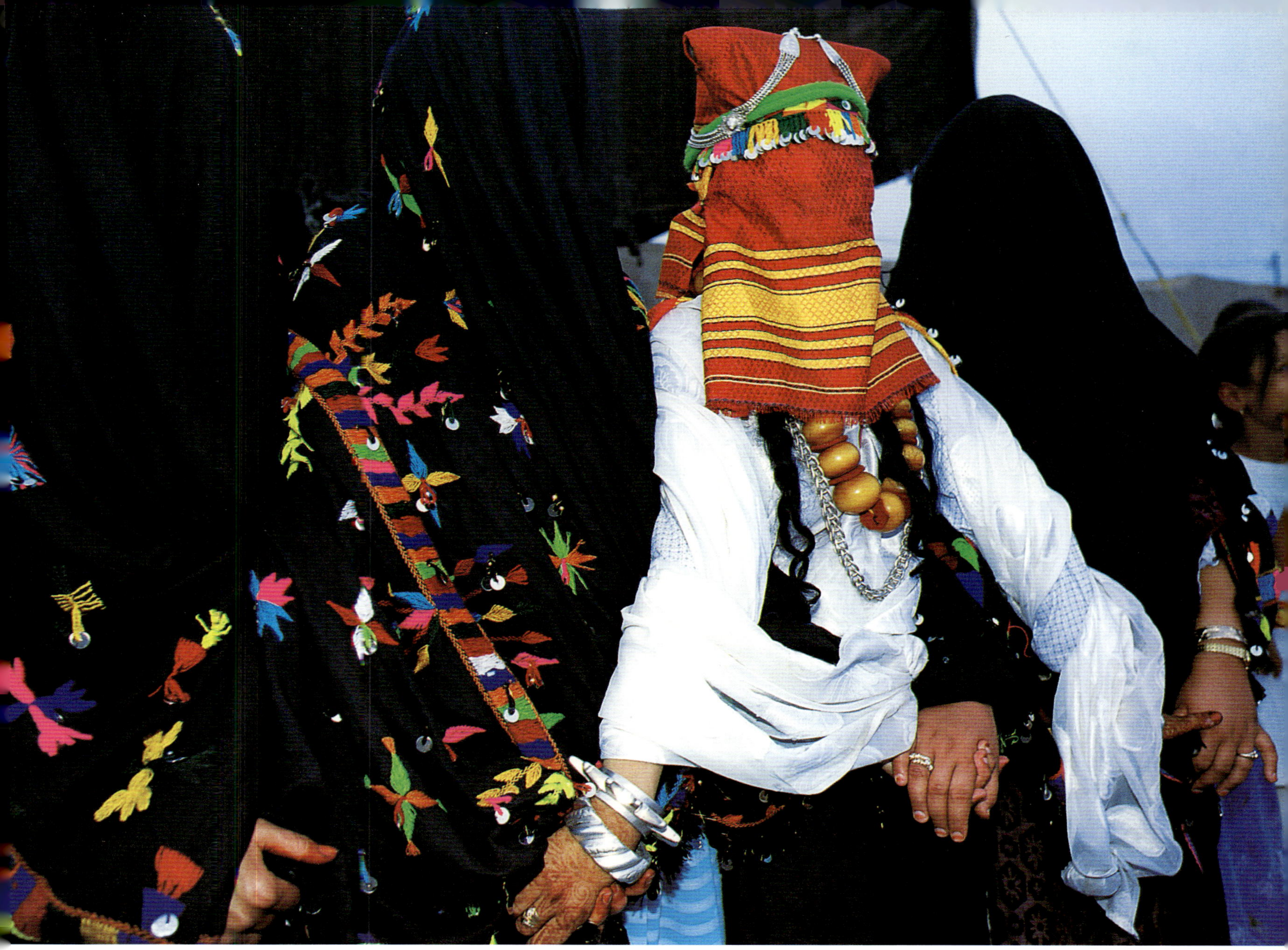

et leurs longues tresses rebondissaient sur leurs hanches. Des nuages de poussière s'élevaient de la terre sèche que leurs pieds battaient au rythme des tambours.
C'était une danse sensuelle dans laquelle hommes et femmes s'affrontaient dans un combat chanté qui parlait de beauté et d'amour, avec également quelques allusions ironiques aux anecdotes du village.
Fatima et Brahim ont rejoint le groupe et, une fois seulement, ils ont dansé l'*ahidous* l'un en face de l'autre. Tout d'un coup les chants ont cessé, les rangs se sont rompus et la foule de parents et d'amis ont entraîné le couple vers la maison nuptiale. À la lumière d'une lanterne, Brahim a soulevé l'*abroc* et le visage de Fatima est apparu, accablé par trois jours de chaleur et de tension.

Nos regards se sont croisés, enfin libérés de la barrière du voile ; nos mains ont serré les siennes pendant un bref instant tandis que nous nous souriions sans avoir besoin de parler. Puis le flux des invités nous a poussés sur le côté et Fatima a disparu de notre champ de vision.

Au sud de l'Atlas, il faisait de nouveau nuit noire.

Fatima danse l'*ahidous* entourée de ses amies vêtues de voiles brodés de couleurs vives.

III

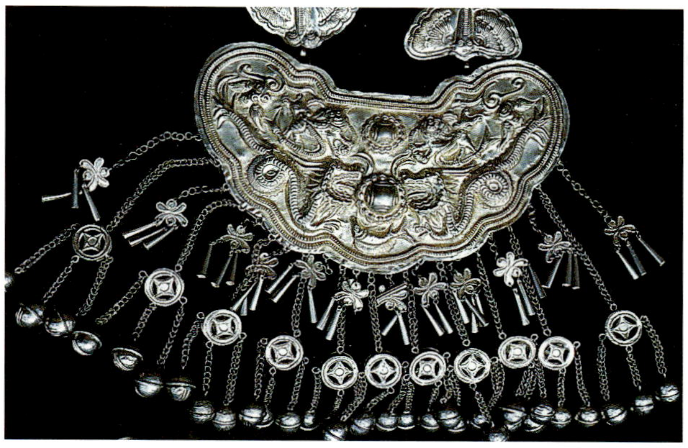

Efficace contre le mauvais œil, l'argent est considéré de bon augure pour les épouses miaos noirs.

Wu Mejying, en route pour le village de son fiancé.

L'ARGENT
des Miaos noirs en Chine

Pendentif en argent qui évoque la légende selon laquelle les Miaos noirs sont nés des œufs de papillons.

« Il était une fois un jeune homme.
Il captura dans les montagnes un faisan doré
pour l'offrir à sa bien-aimée,
une enfant si pauvre qu'elle devait travailler
du matin au soir tous les jours de l'année.
Pour répondre à l'amour de son prétendant,
la jeune fille s'habilla comme le beau faisan :
un chignon sur la tête pour imiter la huppe ;
les manches amples et longues pour imiter les ailes ;
pour imiter la queue, des rubans colorés tout le long de la jupe.
Ainsi elle apparut aux yeux de son aimé
aussi belle et gracieuse que le faisan doré. »

Wu Mejying avait l'air de sortir tout droit de cet ancien chant populaire. C'était le jour de son mariage et avec quelques amies, elle empruntait les sentiers qui traversent les rizières en terrasse des monts Leigong pour rejoindre le village de son fiancé Mojian.

Elle portait la coiffe des épouses : une couronne de fleurs sertie de plaques ciselées à laquelle pendent une multitude de bourgeons et dont le sommet est comme un bouquet sur lequel reposent des paons, des oiseaux et des papillons, tout cela en argent.

Ses bras, complètement cachés sous les amples manches de la casaque, pendaient le long de son corps. À chacun de ses pas, plus de vingt bandes brodées sur sa jupe ondulaient comme la queue du faisan doré de la légende qui a inspiré le costume des Miaos.

Un pastiche est ajouté aux cheveux de Wu Mejying, avant de fixer la parure d'argent.

Wu Mejying appartient à la communauté des Miaos noirs, l'une des nombreuses – plus de cinquante – minorités ethniques vivant sur le territoire chinois. C'est l'ethnologue japonais Tatsezou Taoriyi, auteur d'une enquête au début du XXe siècle sur les mœurs des Miaos, qui leur a donné ce nom à cause de la couleur de leurs vestes.

Les Miaos noirs vivent dans des villages éparpillés sur les versants des monts Leigong qui forment l'ossature de la chaîne appelée Miaoling, une succession de monts et de gorges que le climat tropical a recouverts de forêts de cèdres et de pins ; un territoire où, selon un dicton populaire, « personne n'a jamais vu plus de trois pieds de terre plate ni plus de trois jours de soleil successifs ». L'isolement et les difficultés de communication qui existaient encore il y a fort peu de temps ont contribué à créer une telle variété de vêtements et de parures que le costume est devenu pour les Miaos une véritable carte d'identité, révélant leur communauté d'appartenance.

Préparation de la mariée et pose des parures en argent.

La légende raconte que les Miaos ont perdu leur alphabet au cours de l'une des migrations qui leur ont fait quitter le bassin du fleuve Jaune pour rejoindre le sud-est du Guizhou où ils vivent aujourd'hui. Privés d'écriture, ils ont fait de la broderie un moyen privilégié pour transmettre leur histoire de génération en génération. Les brocarts miaos, déjà célèbres il y a plus de mille ans chez les Chinois de la dynastie Tang, sont encore aujourd'hui des livres d'écriture pour tous ceux qui étudient les légendes de ce peuple au nom romantique qui signifie « Fils de la Terre ». Le costume, traditionnellement brodé par la femme qui le portera, est en outre l'arme de séduction la plus efficace dans la conquête d'un mari. Jusqu'à un passé récent, la jeune fille qui ne savait pas broder était vouée au célibat puisqu'il est d'usage chez les Miaos qu'un homme choisisse sa femme en fonction de son habit. Et ce n'est pas un hasard si les jeunes gens reçoivent en gage d'amour, quand leurs avances sont acceptées, un morceau du tissu que l'élue de leur cœur a brodé elle-même pour son habit de noces.

Depuis des siècles on apprend aux fillettes l'art de la broderie, et ce dès leur plus jeune âge. À dix ou douze ans, elles connaissent par cœur les différentes techniques du point plat ou tressé, du point de croix et du point chaînette.

Wu Mejying n'a pas brodé sa robe de mariée : elle appartient à la nouvelle génération. L'école lui a offert d'autres possibilités, mais elle ne lui a pas laissé le temps dont disposaient sa mère et sa grand-mère pour apprendre à broder. Ses doigts, qui savent se déplacer habilement sur les touches d'un ordinateur, ne sont pas aussi aguerris aux travaux d'aiguille, et ce sont les anciennes de la famille qui ont brodé son habit de noces.

Wu Mejying, la jeune épouse, contemple sa parure d'argent.

Elles ont épaissi le tissu là où les points sont le plus exposés à l'usure ; fortes d'un savoir millénaire, elles ont su retracer sur l'habit de Wu Mejying la mythologie, les légendes et l'histoire du peuple miao

Là, une tresse indique qu'on a traversé un fleuve ; ici, un point zigzag rappelle les sentiers tortueux des monts Leigong ; là encore un ourlet sur le bord des manches symbolise le fleuve Jaune dont le peuple est issu. Les revers des manches, les bords de la veste, les rubans de la jupe sont comme un paysage animé de personnages colorés et d'animaux allégoriques, brodés au point plat ou tressé.

Des créatures sacrées et de bon augure, comme la scolopendre et le mythique phénix, croisent des dragons, des libellules, des papillons et bien sûr des poissons. Le poisson est un symbole d'abondance et un souvenir des temps où les Miaos, opprimés par des peuples plus forts qu'eux, enviaient la liberté des habitants du fleuve. Les hauts faits de l'héroïne Wu Moxi sont également évoqués : elle jeta dans la bataille des semences qui se transformèrent en guerriers prêts à combattre pour la cause des Miaos.

Annoncé par des pétards et par le son des *lusheng*, le cortège nuptial est arrivé au village du marié. En file indienne, Mojian et Wu Mejying ont traversé les dernières rizières, précédés par les trois jeunes gens envoyés, comme c'est la coutume, pour venir chercher la fiancée. Ils ont grimpé les marches de pierre qui séparent les maisons de bois adossées au versant de la montagne.

人顺家顺百业顺

Les parents de Mojian ont souhaité la bienvenue à la jeune mariée en lui offrant du riz gluant et de l'alcool de riz ; respectant la tradition, les femmes du village, un peu à l'écart, commentaient son aspect à voix haute. « Elle a les épaules larges, elle pourra beaucoup travailler », disait l'une en appréciant sa condition physique ; « elle a le bassin étroit, elle aura du mal à accoucher », critiquait l'autre. « Allons donc – intervenait une troisième – elle a les pommettes hautes : elle aura de la chance et elle vivra longtemps. »

Avant de pouvoir franchir le seuil de la maison, Wu Mejying a dû boire de nombreuses tasses d'alcool. Puis le frère de Mojian lui a offert un parapluie en gage de bon augure et il l'a invitée à entrer. Du riz, du poisson et de la graisse de cochon avaient été disposés sur l'autel des ancêtres. Wu Mejying en a pris un peu puis, en aspergeant avec quelques gouttes d'alcool de riz les images de Chiyou, elle a rendu hommage au chef mythique qui défendit les premiers Miaos contre les attaques de Huangdi, l'empereur Jaune. Ensuite, suivie par ses amies, elle est entrée dans la salle où l'on avait préparé toutes sortes de friandises : côtes de porc, poissons, grandes feuilles de laitue bouillies et, surtout, des litres d'alcool de riz.

Pour les Miaos, les noces sont l'occasion de faire un grand banquet, plus encore que l'occasion de célébrer les rites complexes visant à consacrer l'union des époux. La mariée se rend chez son futur époux. Lui se tient à l'écart, respectant l'usage qui lui interdit de se montrer en public

En arrivant à la maison de son époux, Wu reçoit des boules de riz en signe de bienvenue.

Double page suivante
Wu Mejying et Mojian marchent le long des rizières.

Le vêtement est une arme de séduction. L'argent est signe de richesse et les broderies révèlent l'habileté de celle qui les porte et qui les a réalisées.

Broderies et parures d'argent évoquent les mythes, les légendes et l'histoire du peuple miao.

pendant les festivités. Mais il ne renonce pas pour autant à lancer quelques regards furtifs à sa bien-aimée. Chez les Miaos, la coutume veut que la mariée retourne dans sa famille après les noces. Le mariage n'est pas consommé avant la date des semences, quand elle retrouvera son mari pour le travail des champs. Cependant, la famille ne sera vraiment réunie que lorsque la femme attendra un enfant. La vie commune pourra alors enfin commencer.

Comme une princesse, Wu Mejying souriait à l'assemblée, insensible au poids des parures d'argent qui la couvraient de la tête aux pieds : presque dix kilos de colliers, bracelets, pendentifs, broches et diadèmes, réalisés par d'habiles artisans. Dans le temps, chaque famille pouvait se vanter de posséder en son sein au moins l'un de ces incroyables artistes.

Considéré comme efficace pour lutter contre le mauvais œil et pour se protéger des tigres qui infestaient les forêts du Guizhou, le précieux métal est aujourd'hui toujours porté en signe de bon augure.

L'origine de ce goût des Miaos pour les bijoux en argent reste mystérieuse. On raconte encore sur les montagnes autour de Taijiang une certaine légende. Dans des temps reculés, un jeune homme très pauvre vivait sur les monts Leigong. Il était éperdument amoureux d'une jeune fille mais il ne pouvait pas l'épouser à cause du prix exorbitant que ses parents demandaient en échange de sa main : trois cents porcs, trois cents buffles et trois mille livres de riz. Les deux jeunes gens étaient inconsolables et ils se rencontraient secrètement dans la forêt. Une nuit, la jeune fille donna à son amoureux trois grosses tiges de tournesol imbibées d'huile et elle l'invita à en faire des torches pour s'éclairer sur le chemin du retour. Arrivé chez lui, le jeune homme découvrit avec stupéfaction que les trois tiges s'étaient transformées en autant de pièces d'argent. Il courut alors rendre hommage aux parents de sa bien-aimée. Avec cet argent, ils forgèrent les somptueuses parures grâce auxquelles la jeune fille put se rendre à son mariage.

Sur la coiffe nuptiale, des fleurs et des représentations de l'héroïne mythique Wu Moxi.

Les anciens racontent que, depuis ce jour, les maîtres argentiers des monts Leigong, dépositaires d'une technique millénaire, peuvent forger dans l'argent des fils aussi fins que des cheveux. Ils gravent sur les pendentifs et sur les broches des parures nuptiales les animaux chers à la mythologie miao.

La parure en cornes d'argent, qui a rendu célèbres les femmes miaos, fait partie de la dot de Wu Mejying. Au milieu de cette coiffe extraordinaire – que les jeunes portent pour les fêtes du nouvel an – deux dragons s'affrontent pour la possession d'un trésor. Image de Chiyou et symbole de force et d'abondance, le dragon est, avec le papillon, l'une des représentations favorites des Miaos.

Wu Mejying a pris entre ses mains un pendentif en forme de papillon et elle a évoqué l'ancienne légende qui veut que les premiers Miaos soient nés des œufs de ces insectes.

Elle a raconté l'histoire d'un papillon qui déposa douze œufs aux couleurs splendides. Le *phan*, oiseau mythique, fut tellement fasciné par leur beauté qu'il décida de les couver. Après une longue période, les œufs s'ouvrirent et en sortirent le dragon, seigneur des eaux, le buffle, la scolopendre, le serpent, le tigre, les catastrophes et les calamités, le bonheur et le malheur et, enfin, l'homme et la femme miaos à qui une libellule apprit les pas de danse.

Les yeux rieurs sous sa cascade de bourgeons d'argent, Wu Mejying s'est levée, a ôté les lourdes parures et ses habits de noces ; puis elle a pris un balancier, deux seaux et, avec une amie, elle est descendue au ruisseau chercher l'eau pour la famille de son mari. Elle était devenue l'une des leurs.

IV

Le *Tiaohuapo*, la danse des prairies fleuries, est le festival de la séduction.

Les filles à marier passent des jours entiers à préparer d'énormes parures faites de laine rouge.

LA LAINE ROUGE ET LES PLUMES DE FAISAN

des Miaos Petites Fleurs en Chine

Les plumes de faisan révèlent le courage et l'habileté des jeunes époux.

Extraordinaires coiffes de laine.

DOUBLE PAGE SUIVANTE
Préparatif au village pour le *Tiaohuapo*, la « danse des prairies fleuries ».

Zhang Fa Xi était un habile chasseur. Au village, tout le monde enviait la collection de plumes de faisan qu'il arborait chaque année, plantées sur sa tête à l'occasion du festival de printemps. Pas une fille ne pouvait poser les yeux sur lui sans deviner immédiatement, grâce à ce trophée, tout le courage et toute l'habileté dont il était capable. Nul doute que ce *Tiaohuapo* allait lui offrir de belles opportunités pour se trouver une compagne.

Le *Tiaohuapo*, ou « danses des prairies fleuries », est un festival de l'amour qui attire chaque année sur les montagnes du Guizhou occidental, dans la région de Liupanshui, plus de quarante mille Miaos Petites Fleurs.

Appelés ainsi à cause de leurs vêtements traditionnels aux motifs fleuris, les Petites Fleurs sont l'une des divisions de la nationalité miao, reconnue comme telle par le gouvernement chinois depuis un peu plus d'un demi-siècle seulement.

Les Miaos du Guizhou sont les descendants d'un peuple de montagnards célèbre pour son courage, son orgueil et surtout sa soif de liberté et son attachement aux valeurs traditionnelles. À l'origine chasseurs-cueilleurs, ils pratiquaient l'agriculture semi-nomade avec la technique du couper/brûler. Selon les ethnologues, l'une des raisons de leur migration dans le Sud-Est asiatique fut justement ce système d'agriculture qui les obligeait à créer de nouveaux champs vierges tous les cinq ans. Progressivement, suite à la déforestation massive, les Miaos sont devenus riziculteurs en utilisant la technique des cultures en terrasse.

Un mythe prétend qu'ils sont originaires de l'Asie centrale. Sous la pression des invasions mongoles, ils auraient petit à petit émigré – à l'époque de la dynastie Yuan – dans les provinces du Guizhou et du Yunnan où ils sont aujourd'hui plus de quatre millions.

Les broderies qui ornent les châles des Petites Fleurs témoignent de leur exode : si l'on en croit la légende, elles représentent leur pays d'origine. Deux frères, chassés de chez eux par une guerre particulièrement meurtrière, auraient émigré vers le sud. L'aîné allait à cheval et son jeune frère, qui le suivait à pied, aurait peint sur ses habits l'image de leur terre natale : des carrés pour symboliser les champs, des lignes rouges pour figurer les poissons, les étoiles et les

星级文明户

Ci-dessus et double page précédente
Zhang, Fa Xi et son trophée de plumes de faisan.

arbres et enfin une bande rouge et une bande jaune pour indiquer les deux plus grands fleuves de la Chine, le Yang-Tsé Kiang et le Huang He.

Aujourd'hui, à part dans quelques villages isolés, ces châles brodés au chromatisme digne des plus célèbres couturiers ne sont plus portés que pour les grandes occasions. Les jeunes aiment les tee-shirts, les jeans et les tenues colorées. Ils échangent volontiers une ceinture brodée contre un quelconque gadget électronique. Mais cela ne signifie pas qu'ils ont perdu leur identité, ou qu'ils ne sont plus attachés à leurs traditions ; elles renaissent, presque intactes, à chaque célébration, comme par exemple à l'occasion de ces danses sur les prairies fleuries.

Le *Tiaohuapo* est le triomphe de la séduction. C'est un art fait de musique, de chants, de sourires et d'œillades furtives, que les Miaos appellent *you fan* et dans lequel ils excellent tout particulièrement.

Les garçons lancent leurs messages d'amour dans des flûtes de bambou ou grâce aux *lusheng*, des instruments qui tiennent de l'orgue et de la flûte ; les filles répondent par des sons modulés joués sur des harmonicas qu'elles portent toujours avec elles pour exprimer leurs sentiments et les faire comprendre à leurs amoureux.

On trouve la trace de cette célébration très ancienne dans des textes qui remontent au XVIIe siècle et qui racontent comment des jeunes gens en âge de se marier se courtisent, nouent des idylles et jettent les bases de futures unions.

Ci-dessus et doubles pages suivantes
Préparation de la coiffure.

Pour les Occidentaux et les Japonais, le *Tiaohuapo* est une attraction touristique ; pour les Chinois c'est une occasion de pique-niquer et de prononcer des discours officiels. Mais pour les jeunes Miaos Petites Fleurs, c'est encore et toujours le moment de faire des rencontres et d'appliquer d'antiques stratégies amoureuses.

Zhang Fa Xi avait parcouru à pied les chemins escarpés qui relient son village et la colline du Tiaohua. Sa tunique blanche et son châle brodé étaient soigneusement pliés dans un petit baluchon qu'il portait sur ses épaules pour ne pas les froisser. Alors qu'il avait presque atteint la colline, il s'est arrêté sur les rives d'un lac aux eaux sombres pour se changer. Aux alentours, sur les bords du lac, sur les rives du torrent et sur les flancs du coteau, une multitude de jeunes filles, par petits groupes, s'entraidaient et portaient la dernière touche à leurs tenues à l'abri des regards indiscrets. L'une coiffait les cheveux d'une amie ; l'autre fixait sur ses épaules une petite cape brodée ; une autre encore nouait autour de sa taille une ceinture colorée ou essayait d'enfiler une énième jupe plissée par-dessus celles qu'elle portait déjà. Les jeunes Miaos du Guizhou nord-occidental enfilent des dizaines de jupes en batik les unes sur les autres. Symboles de beauté, elles sont là pour montrer aux garçons la sagesse et l'habileté de celle qui les porte.

Le batik, *laran*, qui en chinois signifie cire et teinture, est une technique de coloration des étoffes connue en Chine depuis l'époque des dynasties Sui et Tang. Les Miaos l'auraient inventée il y a plus de mille ans. Une légende populaire raconte l'histoire de ses origines : il était une fois

une jeune fille d'une extraordinaire beauté qui était très pauvre, tellement pauvre qu'elle ne possédait ni les habits finement brodés ni les bijoux en argent nécessaires pour participer aux fêtes. Elle n'avait donc aucun espoir de se marier. Un jour, elle cassa sans le faire exprès une petite jarre pleine de cire d'abeille et la cire tomba sur une pièce de tissu blanc qu'elle voulait teindre dans de l'indigo. Quand elle sortit le tissu de la teinture, elle s'aperçut que la couleur n'avait pas pris aux endroits où la cire était tombée et que de beaux dessins blancs constellaient l'étoffe colorée. Avec un stylet, elle découpa alors le reste de cire et elle s'en servit pour tracer sur le tissu des dessins de fleurs, d'oiseaux et de dragons en train de se battre dans les nuages. Ensuite, elle confectionna avec le tissu un habit éclatant de beauté et elle se présenta au festival du printemps, rivalisant d'élégance avec les filles les plus riches.

Des ribambelles de jeunes filles à marier arrivaient par tous les chemins de la montagne. Elles portaient de gigantesques coiffes en laine colorée : ces parures extraordinaires, qui pèsent presque deux kilos, sont rouge vif, orange avec parfois des rayures jaunes, blanches ou roses. Elles encadraient les visages enfantins des jeunes Miaos Petites Fleurs qui, même ainsi, atteignaient à peine un mètre cinquante. Les femmes mariées, qui n'avaient plus le droit de porter la parure de laine, se montraient dans de longues capes brodées qui leur tombaient jusqu'aux pieds et dans lesquelles elles portaient parfois un enfant. La colline du Tiaohua s'est très vite transformée en un gigantesque jardin fleuri.

Réajustement de la coiffure en laine rouge.

DOUBLES PAGES SUIVANTES
Rassemblement des jeunes filles sur la colline du *Tiaohuapo*. Danseurs avec les *Lusheng*, instrument qui tient de l'orgue et de la flûte, autour de l'arbre fleuri.

Avec les autres joueurs de *lusheng*, Zhang Fa Xi attendait le maître de cérémonie, un vieillard très petit qui savait les secrets de l'antique culte de l'arbre et de la danse des fleurs. Précédé par le plus ancien joueur de *lusheng*, les jeunes, les cheveux ornés de longues plumes de faisan, se sont dirigés vers une plate-forme en ciment dressée au milieu d'un espace ouvert entre les versants des deux collines grouillantes de monde : d'un côté, les Miaos, de l'autre, la foule de Chinois Han attirés comme tous les ans par le spectacle.

Le maître de cérémonie portait une grande branche décorée de rubans, de morceaux de tissu rouges et de fleurs en papier. Les jeunes l'ont plantée au milieu de la plate-forme. C'est alors que le *Tiao Hua*, la danse qui donne son nom à la cérémonie, a commencé. Au son des *lusheng*, de plus en plus entraînants, les garçons se sont mis à tourner autour de la branche fleurie en faisant onduler les plumes de faisan sur leurs têtes. Les mouvements de leur danse étaient impétueux et rustiques : ils mimaient les gestes du labourage des champs en signe de prière pour une bonne récolte. Selon certains, l'arbre fleuri est un vestige d'un ancien culte animiste qui vénère les plantes comme divinités du sous-sol ; pour d'autres, il symbolise l'arbre fruitier auquel les jeunes filles venaient dans le temps confier leurs secrets amoureux.

Attirées par les chanteurs et par les joueurs de *lusheng*, les filles se pressaient au bord de la plate-forme en essayant de se faire une place au premier rang pour attirer l'attention des garçons coiffés de plumes. Dès que la musique a cessé, les jeunes gens des deux sexes ont envahi le lieu de la danse et ont donné vie à un tourbillon coloré en tournant dans le sens des aiguilles d'une montre et en se lançant des regards qui étaient autant d'invitations amoureuses.

Wang Shun Qin, une très jeune fille ne mesurant pas plus d'un mètre quarante, quasiment ensevelie sous une énorme couronne de laine rouge et blanche, est passée près de Zhang Fa Xi. D'un geste rapide, elle a alors tiré la ceinture colorée de sa casaque, signifiant ainsi qu'il était son élu. Zhang Fa Xi avait beaucoup de succès, et de nombreuses jeunes filles tiraient sa ceinture et l'invitaient à s'éclipser avec elles.

Les femmes miaos jouissent d'une grande liberté sexuelle et elles peuvent choisir un mari selon leur bon plaisir. Elles donnent alors libre cours à leurs sentiments à travers des rituels de séduction d'une rare franchise. Les amoureux peuvent échanger des mots d'amour en chantant des duos transmis oralement de génération en génération, ou formuler en chanson une demande en mariage. Dans le jeu appelé « la chasse au chignon », le prétendant cherche à s'emparer de la coiffe de sa belle. S'il y parvient et qu'elle la lui laisse, cela signifie qu'elle accepte sa cour. Le jeune Miao peut aussi flirter grâce à un certain nombre de jeux : « le lancer de foulard » ; « le tir à l'arc sur cible brodée » – par sa belle – ; « à la recherche des arbres fruitiers ». Il peut aussi confier ses messages d'amour au souffle produit par une feuille d'arbre qu'il tient entre ses dents, une espèce de langage secret utilisé depuis toujours par les Miaos pour s'inviter mutuellement à de romantiques promenades dans les bois.

Des groupes de jeunes venus des villages voisins se baladaient d'un bout à l'autre de la colline à la recherche d'une aventure amoureuse, ou de l'âme sœur.

Zhang Fa Xi avait un joli petit butin fait de foulards brodés, de peignes, de miroirs de poche : autant de gages d'amour offerts par les jeunes filles fascinées par son habileté de joueur de *lusheng*. Bras dessus bras dessous avec deux de ses amis, il arpentait le flanc de la colline en dévisageant toutes les jeunes filles. Il cherchait sous chaque coiffe ronde le visage de celle qui avait la première tiré sa ceinture. Aux autres, il rendait les gages qu'il avait reçus.

Assise sur un rocher, Wang Shun Qin profitait des derniers rayons du soleil qui avait éclairé la fête, offrant l'une des rares journées de beau temps du Guizhou. Elle ne quittait pas Zhang Fa Xi des yeux. Quand il avait l'air de venir dans sa direction, elle faisait semblant d'être tout entière absorbée par sa conversation. Mais dès qu'elle le perdait de vue, elle tendait le cou pour le retrouver. Enfin le garçon s'est approché. Wang Shun Qin a sorti son harmonica et elle a joué une mélodie ; Zhang Fa Xi le lui a arraché des mains, a soufflé quelques notes et il s'est sauvé en courant, la jeune fille sur ses talons.

Les hommes avaient allumé les feux et, en fumant la pipe, ils se racontaient les histoires d'hier et d'aujourd'hui ; les femmes mariées berçaient les enfants endormis dans leurs bras ; les vendeurs ambulants de canne à sucre comptaient les sous qu'ils avaient gagnés dans la journée. Le spectacle terminé, les Chinois eux-mêmes étaient partis. La colline du Tiao Hua appartenait maintenant aux Petites Fleurs, ces jeunes garçons et ces jeunes filles cachés derrière un arbre ou un rocher pour faire connaissance et s'avouer leurs sentiments.

Zhang Fa Xi et Wang Shun Qin se sont arrêtés au bord du lac ; il lui a rendu son harmonica ; elle a glissé furtivement un mouchoir dans sa main. Puis chacun a repris le chemin de son village. Il ne leur restait plus qu'à obtenir le consentement de leurs parents pour qu'un mariage naisse de cette idylle éclose à l'ombre de l'arbre fleuri.

Deux jeunes filles attendent leurs petits amis.

DOUBLE PAGE SUIVANTE
Une jeune Miao courtise l'élu de son cœur en tirant la ceinture de sa veste.

Bijou contemporain qui respecte la forme traditionnelle.

Passementeries de la veste et du bonnet lapon.

LES BONNETS ROUGES ET LES BOTTES EN PEAU DE RENNE des Lapons

Bottes en peau de renne appelées *Gallokak*.

Rituel du mariage luthérien dans une église pleine d'invités coiffés du bonnet rouge.

Tacite les appelait les *Fenni* et les décrivait comme « une tribu extraordinairement sauvage et terriblement pauvre, sans arme ni chevaux ni demeure ».

L'historien lombard Paolo Diacono, au XVIIIe siècle, les appelle les *Scritobini*, et précise qu'ils « habitent une terre où l'été, le soleil brille même la nuit alors que l'hiver, il fait nuit tout le jour ». D'origine prémongoloïde pour les uns, venus de l'Oural pour les autres, les Lapons ou Sameh – comme ils préfèrent être appelés – sont les plus vieux habitants de la toundra scandinave. Leurs origines, leur provenance et même leur nom sont entourés d'un grand mystère. Pour certains, le mot « lapon » viendrait du suédois *lœpa*, qui signifie « courir, sauter » et qui évoque l'agilité avec laquelle ce peuple se déplaçait sur la neige grâce à des skis en bois. Pour d'autres, il vient de *lappu*, qui signifie « confins extrêmes ».

Habitants d'une terre sans frontière, à cheval sur la Norvège, la Suède, la Finlande et la Russie, les Sameh, jusqu'à un passé somme toute assez proche, modelaient leur existence sur les habitudes et les déplacements des rennes, ces « animaux proches du cerf » dont parlait déjà Paolo Diacono. Pour un peuple habitué à vivre sur un territoire vaste et hostile une existence nécessairement isolée, guidée par les troupeaux, chaque rassemblement constitue depuis toujours l'occasion d'arranger les mariages.

La demande en mariage était un événement important traditionnellement accompagné d'étranges pratiques. Dans certaines parties du territoire, le jeune homme qui voulait prendre femme devait se rendre chez ses futurs beaux-parents et, avant toute chose, préparer le café.

Si les parents de la jeune fille refusaient de le boire, il comprenait qu'il était refusé et il ne lui restait plus qu'à partir. Si, en revanche, les parents s'en servaient en abondance, le faisant même déborder de la tasse, c'était le signe que la demande en mariage venait d'être acceptée. Chez les Lapons des montagnes, les deux familles célébraient l'union de leurs enfants avec une flamme qu'ils obtenaient en frottant deux morceaux de roche. Comme l'étincelle qui naît du feu secret des pierres, des enfants devaient naître du feu de l'amour des deux jeunes gens.

Selon Johan Turi (seconde moitié du XIXe siècle), le mariage lapon était par le passé une sorte de troc. Il comprenait le paiement du « prix de la mariée ». Accompagné d'un garant – en général un homme qui avait une certaine influence dans la communauté – le prétendant rendait donc visite aux parents de l'élue de son cœur. Si la jeune fille désirait l'accepter, l'usage voulait qu'elle aille à sa rencontre pour dételer son renne et l'accueillir dans sa tente.

Après un certain nombre de politesses préliminaires commençait une discussion serrée sur le montant des cadeaux qui devaient être offerts en échange de la main de la demoiselle. Le garant qui accompagnait le marié défendait sa cause en vantant ses mérites et son habileté ; les parents de la jeune fille faisaient monter le prix en énumérant les vertus de leur fille.

La joute oratoire ne prenait fin que lorsque les deux parties tombaient d'accord sur le nombre de rennes, de peaux ou la quantité d'argent que le jeune soupirant devait offrir aux parents de la jeune fille dont il demandait la main.

Aujourd'hui, cet ancien cérémonial des accords prématrimoniaux a disparu. Mais si le mariage est célébré selon le rite luthérien, ce n'est souvent que la régularisation d'une union déjà célébrée dans la tradition sameh, parfois même déjà scellée par la naissance d'un ou de plusieurs enfants.

Les mariés et les invités à la sortie de l'église après la célébration du mariage.

Pour les Lapons, les fêtes de Pâques sont depuis toujours l'occasion de célébrer les mariages. Alors les églises en bois, comme celle de Kautokeino, se parent de mille couleurs : le rouge des paniers en paille tressée, décorés de rubans tissés à la main ; les divers tons de jaune, de bleu et de rouge des châles en soie ou en laine, fermés par des broches en or ou en argent ; le bleu intense des casaques aux ourlets finement plissés, portées sur des pantalons en peau de renne qui permettent de s'asseoir dans la neige sans avoir froid ni se mouiller. On mesure la richesse d'un homme grâce à la grande ceinture qu'il porte autour de la taille. Elle est décorée de pièces d'or ou d'argent dont le nombre indique toujours pour un Sameh quel est le rang des époux et même quel est le nombre de têtes de bétail qui composent leur troupeau.

L'habit de noces, modèle forgé au cours des siècles, est un signe extérieur de l'orgueil renaissant des Sameh pour leurs anciennes traditions. À l'origine entièrement fait de peaux de renne, le vêtement lapon a ensuite subi l'influence des costumes scandinaves, russes et d'Europe centrale. Les bandes multicolores dans les tons de jaune et de rouge cousues sur le col, les poignets, les épaules et les ourlets de la casaque en tissu bleu sont un héritage des traditions vikings.

L'origine des bijoux en or et en argent qui couvrent la poitrine des épouses est encore plus ancienne. Leur forme fut imitée jusque dans la lointaine Byzance. Mais l'origine du béret à pointes reste mystérieuse. Il symbolise les quatre vents arctiques et fut interdit dans la seconde moitié du XIXe siècle à cause de la superstition d'un prêtre à qui il évoquait les cornes du diable. De l'époque où les Lapons s'habillaient entièrement en peaux de renne, il ne reste que ces courtes bottes appelées *gallokak*. Elles sont serrées à la cheville par plusieurs tours de rubans colorés tissés à la main et terminés par un pompon en laine multicolore qui empêchent la neige d'entrer. Ces bottes sont faites main. La pointe tournée à l'envers et vers le haut servait

à l'origine à les fixer sous la bande de cuir qui était alors la seule attache des skis. À une certaine époque, les *gallokak* étaient portées pieds nus et remplies d'une herbe sèche et fibreuse, qui isolait en même temps qu'elle absorbait la transpiration, évitant ainsi que les orteils ne gèlent.

Pendant les banquets de noces, qui peuvent traditionnellement durer trois jours entiers, l'atmosphère de fête est soutenue par d'importantes libations à l'eau-de-vie et par les *yoik* improvisés par les invités. Longtemps désapprouvé par l'Église à cause de son contenu souvent érotique, le *yoik* est un poème lyrique chanté en solo et *a capella*. Turi disait de ces ballades qu'elles étaient « l'art de se souvenir des autres ». À travers elles, un Lapon exprime un sentiment fort, suscité par toutes sortes de sujets : la grâce d'une jeune fille, l'habileté d'un chasseur, le sifflement du vent, une tempête de neige ou le piaffement des rennes en marche. À l'occasion d'un mariage, les *yoik* racontent l'histoire des époux ; s'ils exaltent leurs vertus, ils n'épargnent pas non plus leurs défauts et ils évoquent souvent avec ironie certains épisodes de leur vie : une chute de motoluge pour lui ou la défaite à la course de renne pour elle. Et il n'est pas rare qu'entre deux verres d'eau-de-vie, quelqu'un entonne le *yoik* de l'épouse : « Vaja vaja nana nana la mariée est très douce, très habile et aimable ; vaja vaja nana nana elle est la meilleure fille de la montagne… »

VI

En raison de sa couleur, le corail est considéré de bon augure.

La dot de chaque épouse comprend les bijoux en turquoise, « la pierre qui exauce tous les vœux » et qui éloigne les esprits malins.

LE CORAIL ET LES TURQUOISES

des Tibétaines au Tibet

Bande en peau de tigre et de léopard placée sur la veste des hommes.

Reliquaire en or et argent.

À DROITE
Jeune mariée tibétaine.

DOUBLE PAGE SUIVANTE
Arrivée des amis et du *nyenpo* devant la maison de la mariée.

Pour les bergers nomades des immenses solitudes du Tibet septentrional, les cailloux et les éperons rocheux cachent des esprits malfaisants, et le miroir de l'eau est l'œil à travers lequel les êtres des mondes souterrains épient le monde terrestre. Mais la turquoise, elle, est « le bijou qui exauce les vœux ».

Une légende, recueillie par Alexandra David-Neel, raconte l'histoire d'une énorme turquoise, d'un bleu très pur et extraordinairement lumineux. Un magicien possédant des pouvoirs occultes très puissants avait fait émerger des profondeurs du lac Kou Kou Nor un Naga, une divinité des eaux, et le dieu lui avait offert la pierre. Arrachée aux profondeurs et exposée pour la première fois à la lumière du jour, elle donnait à celui qui la possédait le pouvoir d'exaucer tous les vœux.

Aujourd'hui encore, au Tibet et dans la région de l'Himalaya, la turquoise est considérée comme un précieux talisman puisqu'elle représente l'azur divin. Elle est depuis l'Antiquité un présent que l'on offre aux souverains, aux divinités et aux démons, et les Tibétains lui attribuent de nombreuses propriétés bénéfiques : portée en anneau, elle protège le voyageur ; portée en boucle d'oreille, elle lui évite d'être réincarné en âne ; si elle se teinte de vert, c'est pour signaler une hépatite et la guérir en absorbant en même temps l'ictère.

C'est donc un joyau précieux, qui a le pouvoir d'absoudre les péchés et d'éloigner les esprits malins. Comme le corail et l'ambre, elle fait partie de la dot de toute épouse tibétaine.

Ces trois pierres, qui ont la couleur de l'air, de la terre et du feu, font partie de la coiffure nuptiale tibétaine depuis des temps immémoriaux. Déjà Marco Polo évoquait le goût immodéré des Tibétains pour le corail.

Cette pierre précieuse, qui vient de la lointaine Méditerranée ou de la mer des Andaman, est considérée comme plus précieuse que l'or. L'épouse qui la porte aura une vie heureuse puisque sa couleur rouge sang de bœuf, l'une des couleurs des cinq bouddhas, est de bon augure. Dans le Tibet occidental, elle est également considérée comme favorisant le flux menstruel.

Vêtues d'épaisses tuniques en laine de yak ou en brocart orné de fourrure, les épouses tibétaines portent sur la tête une profusion de pierres précieuses et d'ornements de grande valeur fixés par des tresses. Le *pöden*, coiffure-bijou, descend de la tête jusqu'à la taille dans une cascade d'ambre, de coraux et de turquoises de toutes les tailles.

Lorsque l'époux descend de son cheval, on lui présente un tabouret décoré d'une *svastika* en grains d'orge, en signe de bon augure.

Chez les nomades de l'Amdo et du Kham, la coiffure matrimoniale faite de cent huit tresses très fines est une parure sans laquelle une jeune fille ne peut se marier. Un ancien chant dit que si une femme porte le jour de ses épousailles la coiffure tressée et le *pöden* d'ambre et de corail, c'est que ses parents sont bons et aimants.

Dans certaines régions du Kham, les épouses placent au sommet de la tête une grosse boule d'ambre surmontée d'un rameau de corail. Ailleurs, c'est un tour de tête en turquoises qui se termine par une pierre plus grosse au milieu du front. Dans les vallées du Gyarongpa, qui plongent à pic des plus hauts plateaux vers les plaines chinoises, les épouses portent un couvre-chef à cinq pointes en brocart noir et or.

Chaque épouse reçoit en dot la *charma* – une ceinture en soie large de vingt centimètres environ, avec des clous d'argent appelés *borchen* –, le *losar* – sorte de médaillon en argent ciselé fermé par une grosse demi-lune – et, chez les nomades, le collier en argent avec un crochet, utilisé à l'origine pour soulever le seau de la traite. C'est l'emblème du mariage puisqu'il évoque le seau de lait que, selon l'usage, la belle-mère offre à sa bru à la fin de la cérémonie.

Généralement arrangé entre les deux familles, le mariage est précédé par d'exténuantes négociations. Il s'agit d'établir quelle sera la dot de la jeune fille et de définir le nombre de yaks, *dri* (femelle yak), étoffes, peaux de loups et de léopards que l'époux devra apporter avec lui. Les tractations, c'est la règle, sont menées par un intermédiaire, un personnage ne faisant pas

partie de la famille. Elles donnent lieu à d'importantes libations : le *chang*, boisson fermentée à base d'orge, coule à flots et de nombreux cadeaux, comme de la soie ou des draps de laine, sont échangés. Les nomades appellent ces cadeaux *nathag tak*, « la corde qui s'attache au nez », car, en les acceptant, les parents s'engagent à céder la main de leur fille.

Les Tibétains sont surtout monogames, mais par le passé les relations conjugales étaient plus complexes.

Selon la classe sociale et la région, la polygamie et la polyandrie étaient des coutumes plutôt fréquentes. Si, chez les riches et les aristocrates, il n'était pas rare qu'un homme épouse plusieurs femmes, chez les nomades et dans les classes moyennes, il était en revanche normal qu'une femme soit mariée à plusieurs frères, ou au père et au fils.

La polygamie se fondait sur des exemples illustres : le roi Songtsen Gampo, marié à la princesse chinoise Wenchen et à la princesse népalaise Brikuti ; Marpa, grand maître tantrique dont les neuf femmes étaient essentielles à la roue rituelle, dite *chakra*, du culte d'Heruka. La polyandrie, elle, découlait d'une raison pratique : l'exigence de ne pas éparpiller les biens de la famille. La femme était choisie par l'aîné et lorsque ce dernier célébrait le mariage, ses frères devenaient alors automatiquement les époux eux aussi sans que d'autres rites nuptiaux soient nécessaires.

Même si les rites et les coutumes diffèrent beaucoup dans les diverses régions du Tibet, l'union des époux n'est en règle générale pas scellée par une cérémonie religieuse. Il s'agit plutôt d'une série de rituels d'adieu aux divinités familiales et à la maison paternelle, consacrés par la bénédiction d'un lama. Ce dernier choisit soigneusement le jour des noces en consultant les dieux et les almanachs.

La veille, le prétendant, accompagné par quelques amis et par un personnage éminent de sa famille, le *nyenpo*, se présente à la tente ou à la maison de sa promise ; il apporte avec lui le cheval sur lequel il l'emmènera. Il est accueilli avec les *khata*, ces écharpes de cérémonie blanches échangées en signe de respect. Après les libations de *chang*, le petit groupe est hébergé pendant trois jours par la famille de la mariée avant qu'elle ne parte de la demeure paternelle. Dans le Kham, il était d'usage que le marié offre à cette occasion une femelle yak à sa future belle-mère : ce présent, appelé « le prix du lait » venait compenser la perte de sa fille.

Vêtue de ses plus beaux habits, couverte de bijoux, la mariée quitte la maison de ses parents. Elle porte autour du cou un *gao*, un reliquaire en argent ciselé qui renferme l'image d'une divinité ou d'un grand lama. Il la protège des esprits malveillants au moment où elle est le plus vulnérable, c'est-à-dire lorsqu'elle doit quitter la protection des dieux attachés à la maison de son père pour gagner la faveur de ceux de la demeure de son époux.

Chez les nomades, une coutume veut qu'une jeune fille accueille la mariée lorsqu'elle arrive aux alentours de la demeure de son mari. La jeune fille donne à la jeune épouse une écharpe rose qu'elle doit se mettre sur la bouche et sur l'oreille. Puis elle prend la bride du cheval et elle le conduit vers la maison. Un tapis rouge, la couleur porte-bonheur du mariage, sur lequel on a dessiné une svastika, est étalé par terre pour la recevoir lorsqu'elle descend.

La mariée franchit le seuil et on lui donne alors une tasse de yaourt : avec l'annulaire de la main droite elle en jette quelques gouttes vers le ciel en invoquant la protection de Bouddha et des divinités de la montagne, accomplissant ainsi le rituel du mariage le plus important : « l'offrande du yaourt du serment ».

Pema, portant le plateau des offrandes destinées au marié. De chaque côté, une peau de renard sur des sacs de grains et un grand récipient rempli de *chang*.

Pages suivantes
Coiffure nuptiale faite de cent huit tresses fixée par des perles de corail et de turquoise (à droite).
Les filles à marier portent seulement deux grosses tresses (à gauche).

Argent, corail, ambre et
turquoise forment la coiffure
des nomades du Tibet oriental.

PAGES SUIVANTES
Le *nyenpo* et les cavaliers
de l'escorte du marié.

VII

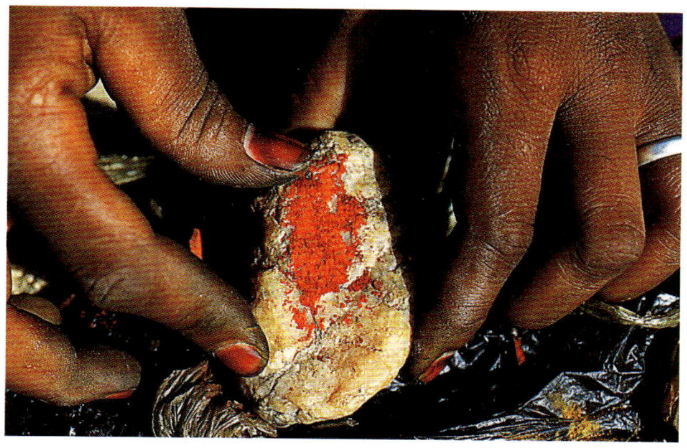

Poudre de latérite qui, mélangée à de l'eau, permet de dessiner les signes de croix soulignant les traits du visage.

Tapis de selle brodé.

LA LATÉRITE

des Touaregs Kel Air au Niger

Pigments naturels et fard à joues et à lèvres pour le maquillage de la mariée.

Les Touaregs. Les Princes du désert. Le nom, d'origine arabe, dériverait de Targa, toponyme qui désigne la région de l'actuelle Fezzan en Libye, d'où ils seraient originaires. Appelés *Kel-tamashek* (ceux qui parlent *tamashek*) ou *Kel-tagelmoust* (ceux qui portent le voile), les Touaregs sont d'origine berbère. Liés par une langue commune, ils portent des noms différents en fonction de la zone géographique dans laquelle ils vivent. Mais ils sont universellement connus comme étant « les hommes bleus », à cause de l'indigo laissé sur leur peau par le *tagelmoust*, un voile léger d'environ six mètres de long que les jeunes reçoivent de leur père lorsqu'ils ont atteint l'âge de la maturité. Depuis toujours, l'indigo est leur symbole. En effet, rare et très cher dans le désert, il est un signe de prospérité.

Même s'ils sont liés par une culture commune, les Touaregs ont des usages matrimoniaux différents en fonction de leur rang et de la région dans laquelle ils vivent.

À l'origine, le mariage était essentiellement une union arrangée. Les filles étaient souvent déjà mariées alors qu'elles n'étaient encore que des enfants. Avant l'âge de la puberté, on conduisait la fillette au campement de son fiancé. Là, elle était prise en charge par une ancienne, qui la gavait de lait pour donner à son corps toutes les apparences d'un développement précoce ; la plupart du temps, le mariage était prématurément consommé. Cet usage est abandonné depuis longtemps et le mariage est aujourd'hui un choix auquel prennent part d'une manière déterminante les futurs époux. Et même si les unions se font encore majoritairement à l'intérieur du clan, la femme a toujours le droit de refuser un prétendant s'il ne lui convient pas.

Chez les Touaregs du Niger, le garçon qui désire courtiser une jeune fille doit s'introduire de nuit dans la tente où elle dort avec ses parents. Il lui chatouille l'oreille pour la réveiller : si la jeune fille se couvre la tête avec son drap, cela signifie que le prétendant est rejeté. Si elle prend sa natte et qu'elle s'éloigne un peu de ses parents, alors cette rencontre nocturne se transforme en une sorte de joute oratoire. Le jeune homme doit être capable de répondre à toutes les devinettes que sa belle lui murmure à l'oreille. S'il réussit à résoudre toutes les énigmes les unes après les autres, il pourra devenir l'ami de cœur de la jeune fille et porter en public un talisman ou un pendentif lui appartenant.

Petits points en forme de corolle de fleurs sur le visage de la mariée.

Le mariage est précédé par des accords visant à déterminer la dot ou « le prix de la fiancée », *taggalt* en *tamashek*. C'est le futur marié qui pourvoit à la dot. Après le mariage, les biens qu'il a acquis deviennent la propriété exclusive de sa femme. Il s'agit bien souvent de chameaux ou de chèvres avec parfois deux bracelets en argent, une couverture ou deux paires de sandales en cuir. De son côté, la famille de la mariée doit subvenir aux frais de la cérémonie et du cortège. Cela comprend une tente avec tout son mobilier – des couvertures et des tapis – que la jeune épouse emportera le jour de l'*azalay*, le rituel qui marque le changement de résidence des époux.

Les noces, scellées entre les familles devant le marabout qui invoque la protection divine en récitant une surate du Coran, ont lieu au camp de la fiancée pendant une période de pleine lune, de bon augure pour le jeune couple car porteuse de *baraka*.

La cérémonie dure plusieurs jours : la mariée s'isole dans une tente construite par les femmes dans un lieu un peu à l'écart, préalablement purifié par le sacrifice d'une chèvre. Entourée de nattes, la tente protège la mariée du soleil et des regards indiscrets. À l'intérieur, plusieurs couches de tapis et de couvertures couvrent le sol et le grand lit dans lequel le couple consommera le mariage. Sur les parois pendent les ustensiles typiques de la vie des nomades : l'*ahalu*, outil acéré terminé par une pointe en fer, est utilisé par les femmes pour creuser les trous qui serviront à fixer la tente. Typiquement féminin, l'*ahalu* est dans le mariage touareg un symbole de protection, au même titre que l'épée, le *takuba*, pour l'homme. L'*ahalu* et le *takuba*, tous deux en métal, sont considérés comme une formidable barrière contre les *djinns*. Or les mariés sont particulièrement vulnérables aux attaques de ces esprits malfaisants pendant toute la durée de la cérémonie nuptiale.

À DROITE ET DOUBLES PAGES SUIVANTES
À l'intérieur de la tente nuptiale, les femmes discutent, se maquillent et assistent à la préparation de la mariée.

L'*ahalu* est généralement offert par le forgeron, invité incontournable de toutes les noces. Les forgerons (*inaden* en *tamashek*) descendraient des Hébreux. Ils sont très respectés en raison de leur capacité à travailler des métaux comme l'argent, béni par le prophète ou comme le fer, censé repousser les esprits malveillants connus sous le nom de *Kel-Essuf*.

Dans la tente nuptiale, la femme du forgeron, qui connaît les secrets des plantes, des herbes et des rochers du désert, prépare le maquillage de la jeune épouse : le *tamagsoit*, une pâte d'argile rouge pour adoucir la peau ; une crème aromatique pour parfumer et lisser les cheveux avant de les coiffer en tresses extrêmement fines ; une bouillie de fleurs et d'herbes pour jaunir le visage ; de la poudre de latérite mélangée à de l'eau pour tracer sur leurs visages les croix verticales de couleur rouge ; d'autres pigments ou des fards plus modernes pour décorer les joues de la mariée avec une multitude de petits points semblables à des corolles de fleurs aux couleurs pastels. Enfin le henné, symbole de pureté et de fertilité, embellit les pieds et les mains des deux jeunes gens.

Les invités sont nombreux. Les femmes, vêtues de leurs plus beaux habits et couvertes de bijoux, arrivent à dos d'âne, entourées de coussins en cuir décorés et sur des couvertures colorées. Les hommes, eux, sont à dos de chameau, le visage entièrement caché par le *tagelmoust* orné de porte-amulettes en argent.

Les festivités culminent avec l'*ilugan*, un manège d'amour dans lequel les femmes jouent du *tende*, un mortier transformé en tambour avec une peau de chèvre, tandis que les hommes font danser les chameaux, attelés pour l'occasion avec des selles de fête. L'*ilugan* a lieu l'après-midi, généralement au milieu du lit sablonneux d'un *oued*. La tradition veut qu'il s'achève avant le coucher du soleil. Groupées en cercle, serrées les unes contre les autres, les femmes jouent du tam-tam, pendant que les hommes, en grande pompe, leur tournent autour sur des chameaux au pas cadencé. À l'écart le marié, spectateur immobile, attend que le soleil tombe pour rejoindre son épouse.

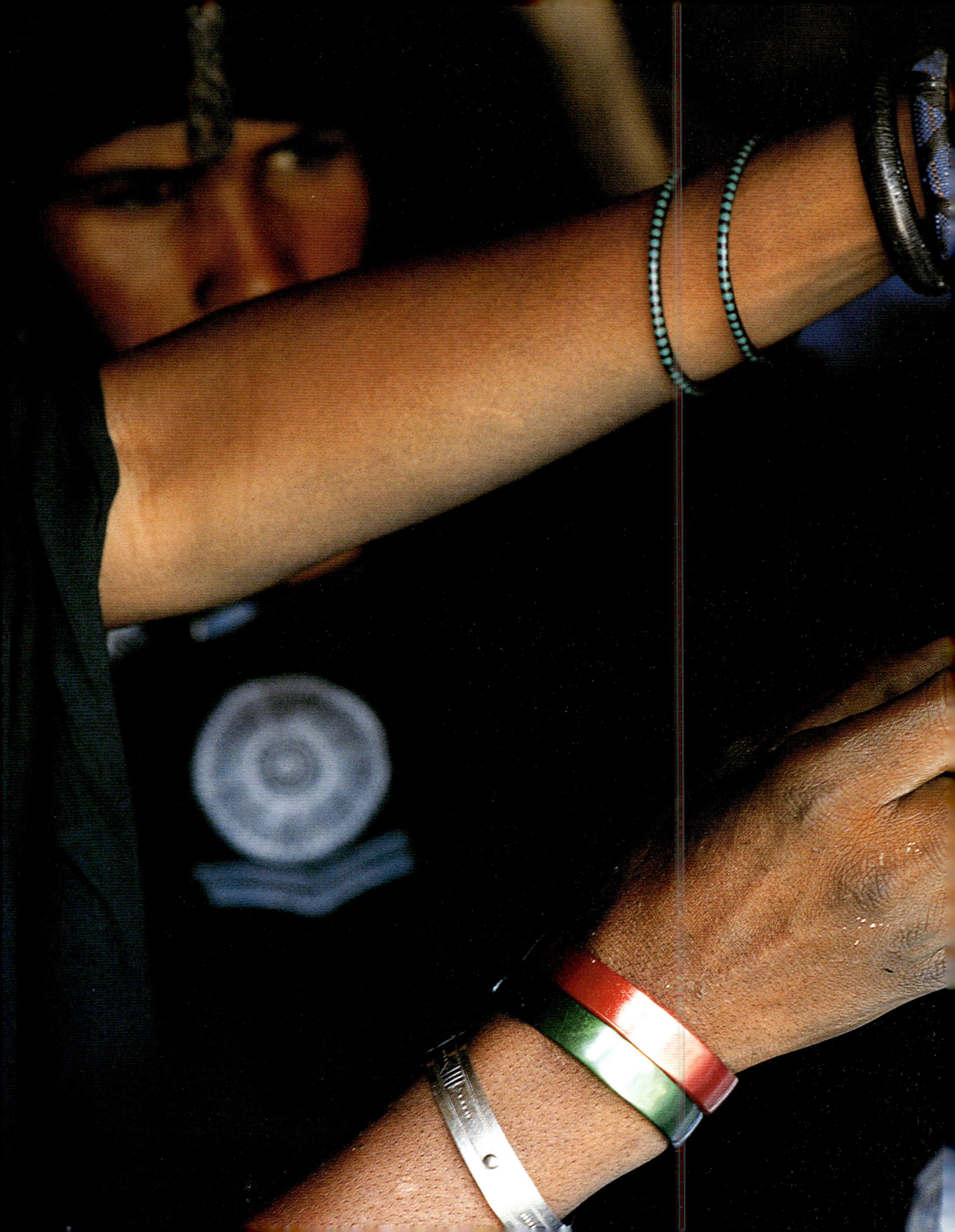

Préparation et pose du henné, symbole
de pureté et de fertilité, tandis que
la femme du forgeron coiffe en fines tresses
les cheveux de la mariée (à droite).

PAGES SUIVANTES
Femme qui joue du *tende*, pendant l'*ilugan*, au fond, manège de chameaux faisant partie de la fête.

VIII

Broderie qui symbolise la visite du *sukaabe*.

Préparation de la *pura*, pigment extrait de fragments d'ocre trouvés dans les *kori* autour d'In Gall.

L'OCRE

des Peuls Bororos du Niger

Gris-gris et talismans pour accroître le charme.

Des calebasses de lait accompagnent la promesse de mariage endogame, appelé *koobgal*, célébré pendant le *worso*.

Le *togu* : un mélange de charme et de séduction qui, pour les Peuls Bororos du Niger, vient du cœur ; une façon de sourire, de parler. Sa cordialité, sa gentillesse, l'élégance de ses gestes et de sa voix rendent un Bororo séduisant. Un art que les jeunes apprennent au sein du *daddo*, une sorte d'école d'initiation aux lois de l'amour, où les garçons et les filles, sous la vigilance des anciens, expérimentent librement les techniques de la séduction avant de s'unir à celui ou à celle que leurs familles ont choisi pour eux depuis leur plus tendre enfance.

Les Bororos pensent que celui ou celle qui a le *togu* ne sera jamais seul. Son charme lui garantira aussi bien la conquête de l'être aimé que l'estime et la bienveillance des siens au sein de la communauté. Avec patience et détermination, ils apprennent toutes les techniques et toutes les ruses pour devenir séduisants : de l'art de la conversation au contrôle du corps. Un regard alangui, un geste attentionné, un sourire lumineux sont autant de flèches à l'arc des *sukaabe,* les jeunes hommes, pour séduire et conquérir les *surbaabe*, les jeunes femmes. La beauté et le charme sont des qualités fondamentales, particulièrement pour les hommes. Un Bororo accorde plus de temps et de soin à son maquillage et à sa parure que ses compagnes du beau sexe ; et pour augmenter son *togu*, il n'hésite pas à recourir aux filtres et aux potions magiques.

Chaque fois que nous regardions Fèdu nous étions fascinés par son élégance et sa distinction naturelle. Il avait la grâce de ces figures tracées des milliers d'années avant Jésus-Christ dans les peintures rupestres qui ornent les grottes des Tassili, où des hommes aux corps fins et aux longs cheveux sont représentés aux côtés de bœufs tachetés aux amples cornes en forme de lyre.

Les Bororos sont l'un des plus anciens peuples d'Afrique. Selon la légende recueillie par Hampatè Ba, ils viendraient du mythique pays de Yoyo et de Heli, situé au-delà d'une immense étendue d'eau. L'une des théories veut qu'ils soient d'origine judaïco-syrienne et qu'ils se soient mélangés aux autochtones africains au cours de trois grandes migrations ; d'autres thèses leur attribuent des origines nilotiques, considérant qu'ils ont gagné le Sahara central à travers le Tibesti, le Tassili, le Hoggar et l'Adrar des Iforas : ils seraient les auteurs des mystérieuses peintures rupestres.

Ocre rouge (*pulla*) et ocre jaune (*pura*) sont utilisés pour le maquillage des jeunes *sukaabe* qui se préparent pour le *yake* à l'ombre des tentes ou sous un arbre.

La ligne verticale qui va du front au menton souligne la pureté du profil.

DOUBLES PAGES SUIVANTES
Les lèvres peintes au charbon mettent en valeur la blancheur des dents.
Les jeunes *sukaabe* rivalisent de séduction dans la danse du *yake*.

Quelle que soit leur terre d'origine, la patrie des Bororos est le Sahel, cette savane sans fin, au sud du Sahara, qui s'étend du Sénégal au Niger et au Tchad. Une terre âpre et dure qui demande aux hommes et aux femmes, pendant les périodes de sécheresse, une force d'âme et un désir de survie inimaginables. Sans cabane et sans tente, les Bororos vivent en symbiose avec leurs troupeaux. Ils se déplacent en toute liberté là où la nature appelle les zébus et ils dorment sous les étoiles.

Les Bororos sont les seuls Peuls à avoir gardé intacts la pureté de leurs traditions et leur amour pour la liberté. Suite à l'islamisation du peuple fulbè, ils sont devenus une minorité païenne et nomade méprisée par les communautés peuls sédentaires et par les autres ethnies locales, qui les considèrent encore aujourd'hui comme un peuple sans lois et sans religion. Leur nom serait d'ailleurs un témoignage de ce mépris : « Wodaabe » signifierait pour certains « isolés » et pour d'autres « peuple du tabou ».

Fèdu et deux de ses compagnons avaient étalé à l'ombre de *l'arbre à palabres* – un acacia aux branches duquel pendaient les épées, les sacoches en peau de chèvre et les grands chapeaux coniques – leur matériel à maquillage et leurs parures, bref tout le matériel nécessaire pour faire de ces bergers les séduisants rois de beauté prêts à conquérir à force de regards et de sourires le cœur des femmes.

Les Wodaabe sont doués d'une grande créativité qui s'exprime par le maquillage, la danse et leur goût pour toutes les formes de parure. Ils sont passés maîtres dans l'art du maquillage à travers lequel ils donnent libre cours à leur sens inné de l'esthétique en créant sur leurs propres visages des chefs-d'œuvre d'art pictural pensés pour séduire.

Pour accentuer la luminosité de sa peau, Fèdu s'est peint le visage avec la *pura*, un pigment jaune extrait de fragments d'ocre qu'il a recueillis pendant la transhumance dans les *kori* autour de l'oasis d'In Gall ; avec le *karmari*, une pâte blanchâtre achetée au marché de Tahoua, il a tracé une ligne verticale qui va du milieu du front à la base du menton pour souligner la pureté de son profil. La base ocre du visage faisait ressortir la blancheur de ses yeux – soulignés par le khôl – et l'éclat de ses dents – accentué par ses lèvres noircies au charbon.

Soigneusement, Fèdu a enroulé autour de sa tête le traditionnel turban blanc auquel il a fixé une bande de tissu bleu sombre contenant les talismans.

Les Bororos croient aux pouvoirs des talismans préparés avec des recettes transmises de père en fils et qui font partie de l'héritage du lignage. Ils connaissent les secrets de la terre et des écorces dont ils savent tirer des pigments qui illuminent la peau ; ils savent extraire de certaines feuilles et de certaines résines des parfums qui accroissent le *togu* ; ils savent préparer des potions et des décoctions pour être les plus forts dans l'art de la séduction. Ils savent comment préparer à partir des fruits du *barkehi*, l'arbre de la bonne fortune, un onguent qui protège contre le mauvais œil ; ils s'emparent du pouvoir du caméléon en se passant sur le visage, avant de danser le *yake*, un mélange d'eau et de poussière tirée du corps desséché de cet animal.

La poitrine couverte de gris-gris, une plume d'autruche enfilée dans son turban, Fèdu se préparait à faire preuve de résistance et de *togu* dans cette danse de séduction qu'est le *yake* et dont le but est de fasciner les jeunes femmes.

Pour séduire les jeunes *sukaabe*, les Bororos roulent des yeux, simulent de larges sourires et émettent des sons qui imitent le baiser.

C'était la fin de la saison des pluies et, dans la région autour de Tamaya, plus de mille Wodaabe du lignage Bikorawa s'étaient donné rendez-vous pour le *worso*, rassemblement annuel pendant lequel sont célébrés les naissances et les mariages.

L'espace d'un seul après-midi, la plaine que les pluies avaient recouverte d'herbe s'était remplie de nomades. Ils revenaient du nord du Niger. C'est là qu'après un long voyage, ils avaient mené les troupeaux pour qu'ils prennent des forces, avec la cure salée, avant d'affronter les privations d'une nouvelle saison sèche. Et pendant que les zébus paissaient librement, les hommes se retrouvaient et se préparaient à renouveler les fastes de la beauté et de la séduction.

Les grands rassemblements annuels, le *worso* et *geerewol* sont pour les nomades l'aboutissement de mois d'attente et d'espoir. Le premier représente pour les membres d'un même lignage l'occasion de se retrouver et de célébrer les naissances et les mariages endogames appelés *koobgal* ; le second est l'occasion de nouvelles alliances et de mariages exogames avec d'autres lignages.

Les Wodaabe, mariés dès la naissance, considèrent les mariages avec des membres du même lignage comme un moyen de ne pas disperser la famille et les biens ; en même temps, ils préservent ainsi la pureté de la race, dont ils limitent les risques de dégénérescence en unissant des membres de la même famille jusqu'au quatrième degré de parenté.

Chaque promesse de mariage est accompagnée par un don d'argent et par des calebasses pleines de lait que la famille du garçon offre à la famille de la jeune fille en signe d'engagement.

Pendant le *worso*, les familles des époux scellent le pacte de noces en sacrifiant un taureau tandis que les femmes chantent : « il a égorgé, il a marié son fils ». La chair de l'animal que les Wodaabe appellent le « taureau du mariage *koobgal* » est partagée selon un rituel symbolique qui réserve aux femmes les tripes et les intestins, symboles de fécondité, aux hommes les testicules, emblèmes de la procréation, et aux vieux les sabots. À partir de ce moment-là, les enfants promis l'un à l'autre sont désignés par l'appellation *kore*, époux. Ils doivent observer une attitude réservée et il leur est interdit de s'adresser la parole ou de s'appeler par leurs noms.

Outre cette union endogame, décidée par la famille, les Bororos connaissent une autre forme de mariage appelée *teegal*, une sorte d'union libre qui autorise une femme malheureuse en ménage à se faire enlever par un homme appartenant à un autre lignage. Cette forme de mariage libre est plus expéditive que le *koobgal*. À l'insu de sa propre famille, la femme suit celui qu'elle a choisi jusqu'au camp de ce dernier. Là, leur union est célébrée à la hâte par le sacrifice d'un animal, avant que le mari légitime ne s'aperçoive de sa fuite. Au cours du *geerewol*, le rassemblement de sept jours qui tire son nom de la danse homonyme, les hommes rivalisent de charme et de beauté dans une joute qui alterne *yake* – la danse de la séduction – et *geerewol* – la danse de la beauté. Leur unique but est de conquérir le cœur des femmes qui ont décidé de quitter leur mari et d'en trouver un autre parmi les membres d'un lignage différent. Fèdu était prêt à donner le meilleur de lui-même dans cette compétition de charme et de personnalité qu'est le *yake*. Avec un groupe d'amis, il s'entraînait à rouler des yeux en écartant les pupilles dans des directions opposées. Il savait que son habileté serait très appréciée par les femmes qui devaient le juger et il espérait toucher Jika, une jeune fille aux yeux de gazelle appartenant au lignage Kasasawa.

Pendant le *geerewol*, les femmes malheureuses en ménage peuvent chercher un nouveau mari parmi les membres d'un lignage différent.
Sukaabe d'un même lignage réunis dans les danses du *ruume*.

Fèdu incarnait l'idéal de beauté wodaabe : corps élancé, articulations longues et fines, front large, teint lisse et visage ovale mettant en valeur un nez droit, des yeux brillants et des lèvres fines.

Les Peuls accordent une telle importance à la beauté physique que les mères apportent un soin particulier au corps des nouveau-nés : elles leur massent le crâne pour modeler la forme originelle en essayant d'adoucir le profil et elles manipulent les bras, les jambes et le nez de leurs bébés dans l'espoir de leur assurer un corps conforme aux canons esthétiques peuls.

C'était l'heure de la danse. En se tenant par la main, Fèdu et d'autres *sukaabe* de son lignage se sont dirigés vers l'espace prévu pour le *yake*. Avec une cinquantaine de jeunes de quinze à trente-cinq ans, appartenant aux deux lignages Bikorawa et Kasasawa, ils se sont rassemblés en ligne dans un axe Nord/Sud, le visage tourné vers l'ouest, guidés par leurs *samri* respectifs, responsables des jeunes gens. Sous la direction de Hasan, un Wodaabe d'environ quarante ans, chef des *sukaabe* du lignage Bikorawa, Fèdu et les autres ont commencé à danser. Ils pliaient les genoux dans un geste gracieux puis, tout de suite après, ils se relevaient sur la pointe des pieds ; ils levaient harmonieusement vers le haut leurs bras ornés de bracelets en peau de chèvre et ils baissaient la tête en faisant onduler la plume d'autruche. Chacun d'entre eux avait recours à toutes les armes de la séduction, écarquillant les yeux, simulant de larges sourires qui faisaient ressortir la blancheur de leurs dents, tandis que leurs lèvres parcourues d'un léger frémissement émettaient des sons qui évoquaient les baisers. Insensibles à la chaleur et à la poussière, les jeunes Bororos ont dansé pendant des heures sous un soleil implacable sans laisser transparaître aucun signe de fléchissement ou de fatigue, donnant ainsi la preuve qu'ils rivalisaient non seulement de charme, mais également de force et de résistance.

Assises en groupe devant la longue file de *sukaabe*, les femmes se laissaient aller au plaisir de la critique sans épargner qui que ce soit. Parmi elles, Jika lançait de timides œillades à Fèdu, répondant aux messages discrets qu'il envoyait dans sa direction. De temps en temps le *samri* touchait avec la pointe de son épée l'épaule d'un danseur qu'une jeune fille avait élu comme le plus séduisant et il le faisait avancer d'un pas. Alors, des cris d'admiration s'élevaient dans l'assemblée.

Si les Bororos rivalisent de beauté pendant le *yake*, c'est avec le *ruume* qu'ils célèbrent l'unité de la communauté en dansant tous ensemble dans un même cercle. Danse de bienvenue le jour et de séduction la nuit, le *ruume* réunit les *sukaabe* d'un même lignage dans un chœur d'amour qui fait l'éloge d'une belle jeune fille.

Fèdu s'est intégré au cercle, côte à côte avec les autres danseurs. Au rythme d'un chant lent et monotone marqué par les claquements de mains des *sukaabe*, le cercle humain s'est déplacé à petits pas dans le sens inverse des aiguilles d'une montre. Dans l'obscurité, on distinguait les petits groupes de filles que cette mélodie insistante avait appelés. Le visage à demi couvert sous un voile brodé, Jika observait Fèdu. Conscient de cette attention, il dansait avec de plus en plus de ferveur.

Sans se faire remarquer, Jika est passée à côté de lui en effleurant à peine sa tunique avec les doigts et elle a pris le chemin de la brousse. Fèdu a alors discrètement quitté le cercle et il a disparu dans l'obscurité.

IX

Le henné, la poudre du paradis, protège la mariée des envoûtements et des mauvais sorts.

El-jouhar, la parure de perles qui a donné son nom à la tenue des épouses de Fès.

LE HENNÉ ET LES PERLES

des Fassi au Maroc

L'éclat des perles est considéré comme une défense contre le mauvais œil.

E*l-jouhar*, « l'habit de perles ». C'est le nom du costume traditionnel des mariées de Fès. Chantées par les poètes comme étant les larmes solidifiées des nymphes marines, depuis toujours associées au Paradis dans les anciens textes arabes, les perles sont l'élément prédominant des parures de noces fassi. On considère que leur éclat est une formidable barrière contre le mauvais œil ; c'est pour cette raison que les centres vitaux des mariées, comme la tête et la poitrine, en sont entièrement recouverts : un tortillon de perles irrégulières alternées avec des émeraudes synthétiques, appelé *selta*, orne la naissance des cheveux ; deux rubans en grosse résille faite de minuscules perles d'eau douce, *zrair*, encadrent le visage ; et un rideau de perles baroques tenu par des passants en or et en pierre verte couvre la partie haute du buste.

Neggafa qui prépare la table pour la cérémonie du henné.

Double page suivante
Melika est assise sur le *glissa*, entre la *neggafa* et ses assistantes entonnant les *youyous*.

Le choix des parures nuptiales, l'habillage de la mariée et les rituels visant à écarter les maléfices, au cours de cette délicate période de transition pendant laquelle la jeune fille va passer de la nubilité à la vie conjugale, sont confiés à la *neggafa*.

Les marieuses, appelées *neggafa*, sont censées posséder un savoir magique. Depuis plus de deux siècles, elles font office de maîtres de cérémonie, chargées par les familles de superviser le très complexe cérémonial des noces imposé par la tradition marocaine. Elles sont devenues des professionnelles du mariage et s'occupent de tous les préparatifs en offrant aux familles un vaste choix de services qui vont de la location des habits et des bijoux à la mise en scène de la réception.

La *neggafa* la plus célèbre et la plus estimée de Fès – sinon du Maroc – nous ouvre la porte de sa maison. Nous sommes au cœur de la médina, un enchevêtrement de vieilles maisons serrées les unes contre les autres traversé par un inextricable labyrinthe de ruelles étroites.

Dans la vaste pièce aux murs décorés de céramique blanche et bleue, ses assistantes, qui s'adressent à elle en l'appelant *maalma*, Maîtresse, lui demandent conseil pour la tenue de noces de Melika, une toute jeune future mariée. Caftans en brocart avec des motifs floraux, *djellabas* coordonnées avec d'insaisissables voiles en soie aux couleurs pastels appelés *L-izar*, colliers, ceintures, broches, boucles d'oreilles : tout est sorti des armoires et rangé dans deux grandes valises en carton.

« Avant – raconte la *neggafa* en feuilletant un album photo qui fait office de catalogue pour les tenues qu'elle propose – les festivités duraient sept jours. La *neggafa* faisait l'instruction de la future mariée pour les choses de la vie conjugale et elle se portait garante de sa virginité ; elle préparait la chambre nuptiale et, pendant les sept soirs qui précédaient les noces, elle accompagnait la mariée au *hammam* pour les bains purificateurs. » Elle évoque avec nostalgie l'intimité des chambres du *hammam*, éclairées à la lueur des bougies et empreintes des invocations au Prophète et du parfum de l'encens, de l'ambre et du santal. Un éclair passe dans ses yeux vifs : on l'imagine mesurant le pied de la jeune fille avec un petit cordon de soie pour que le fiancé puisse faire confectionner les babouches nuptiales, encadrant de perles le visage de toutes jeunes mariées en leur enseignant les secrets d'alcôve.

Le rythme de la vie moderne a réduit le temps des festivités qui ne durent plus qu'un week-end. Le nombre des tenues portées par la mariée a lui aussi réduit sept à l'origine, elles ne sont plus aujourd'hui que cinq ou même trois en fonction du niveau de vie de la famille.

La veille de la réception, quelques femmes se sont rassemblées chez Melika pour la pose du henné. Cette cérémonie, joyeuse et intime, bannit traditionnellement toute présence masculine.

L'entrée de Melika est annoncée par un chœur de *zgharit*, les youyous de joie dont Hérodote parlait déjà au ve siècle avant Jésus-Christ. Melika porte un caftan de soie verte – la couleur de la prospérité – dont les manches sont retenues par une chaînette de petits cylindres en or ciselés appelée *tkhmel* ; le *lebba*, un bijou en forme de losange constitué de plusieurs séries verticales de pendeloques d'argent doré, serties de zircon et d'émeraudes, couvre sa poitrine. Au même titre que les colliers de perles, il est considéré comme un talisman contre les envoûtements et les mauvais sorts.

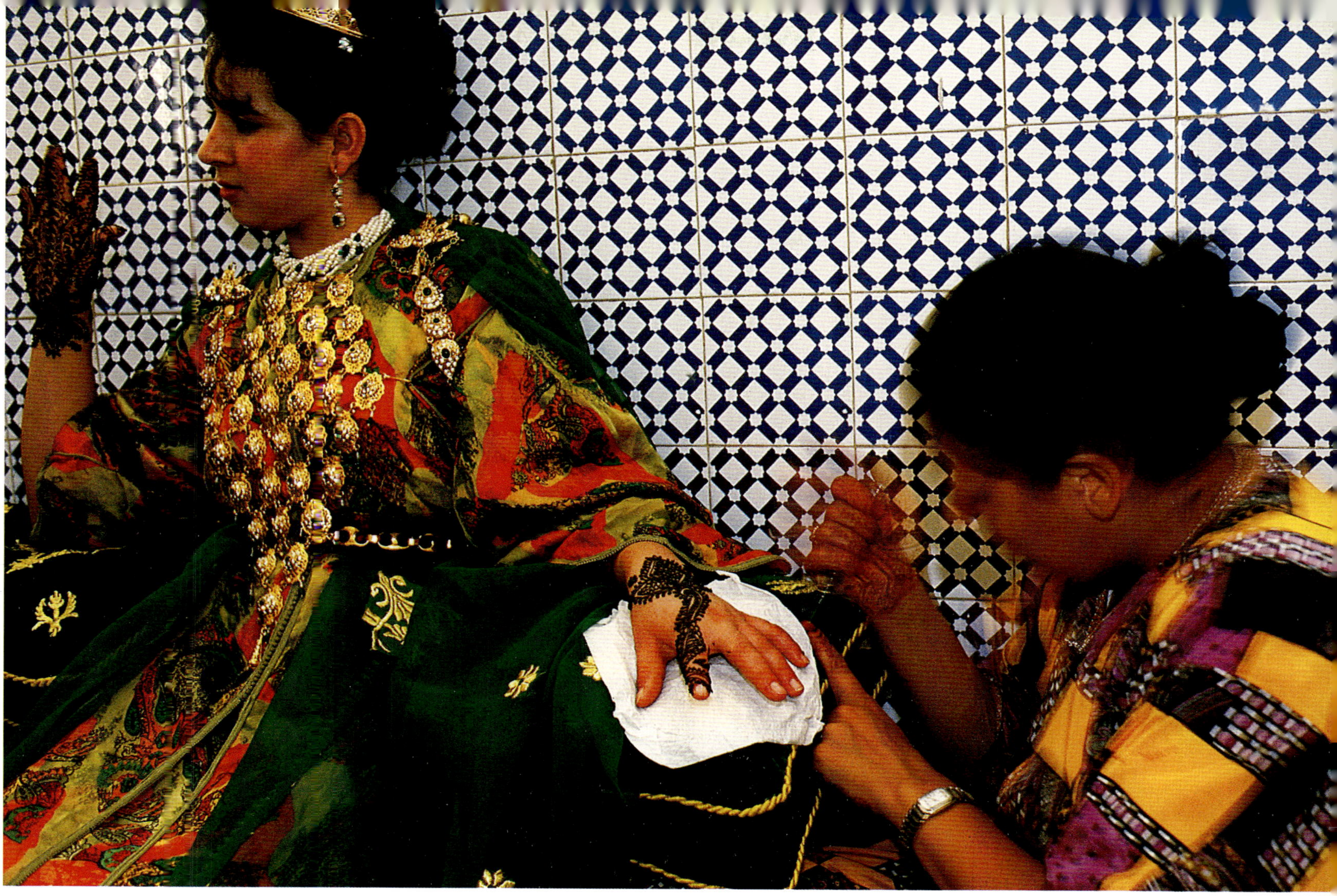

On la fait asseoir en hauteur, sur le *glissa* recouvert d'un voile en velours vert, pour que tout le monde puisse l'admirer. Pour la protéger des regards envieux, la *neggafa*, feignant de remettre en place les coussins, glisse discrètement sous l'un des sept matelas qui composent le *glissa* un petit sachet en tissu brodé au point de croix rempli de *chabba* (cristal), d'*el oud* (bois de santal) et de *sharghina* (plante aux vertus prophylactiques).

Le chiffre sept, symbole du cycle parfait, était récurrent dans la cérémonie nuptiale : sept jours de fête ; sept matelas pour le *glissa* servant à la cérémonie du henné ; sept soirs passés au *hammam* et sept seaux d'eau dont on asperge son corps ; sept tenues, enfin, portées pendant les festivités.

Sur une petite table au milieu de la pièce, un tulle vert sur lequel sont brodés en doré quelques vers du Coran protège le nécessaire à maquillage contre d'éventuelles mauvaises intentions. La coupelle avec le henné, le khôl pour les yeux, les flacons d'eau de rose et de fleur d'oranger, les encens, les pains de sucre et les bouquets de menthe et de marjolaine ont été préparés dans le plus grand respect de la tradition.

« Les mariées – explique la *neggafa* – sont particulièrement vulnérables à cause de leur beauté et de leur bonheur à venir. C'est pour cette raison que chaque étape de la cérémonie est placée sous la protection divine, et qu'on recherche également tous les bons auspices possibles. Le lait, le miel, les pains de sucre, l'eau de rose et de fleur d'oranger, la couleur verte, qui évoque le paradis et qui est fréquemment utilisée dans les vêtements de noce… autant de symboles de pureté, de douceur, de prospérité et de bonheur. »

Prenant entre les siennes la main de Melika, Fatma, une artiste du henné – une sculpteuse, puisque c'est ce que signifie le mot arabe *neqqacha* – énumère les propriétés antiseptiques et

Neqqacha posant le henné sur les mains de Melika.

Double page suivante
Bois de santal , *sharghina* et *shebba* brûlés dans le petit brasero en argent protègent l'épouse contre les mauvais sorts.

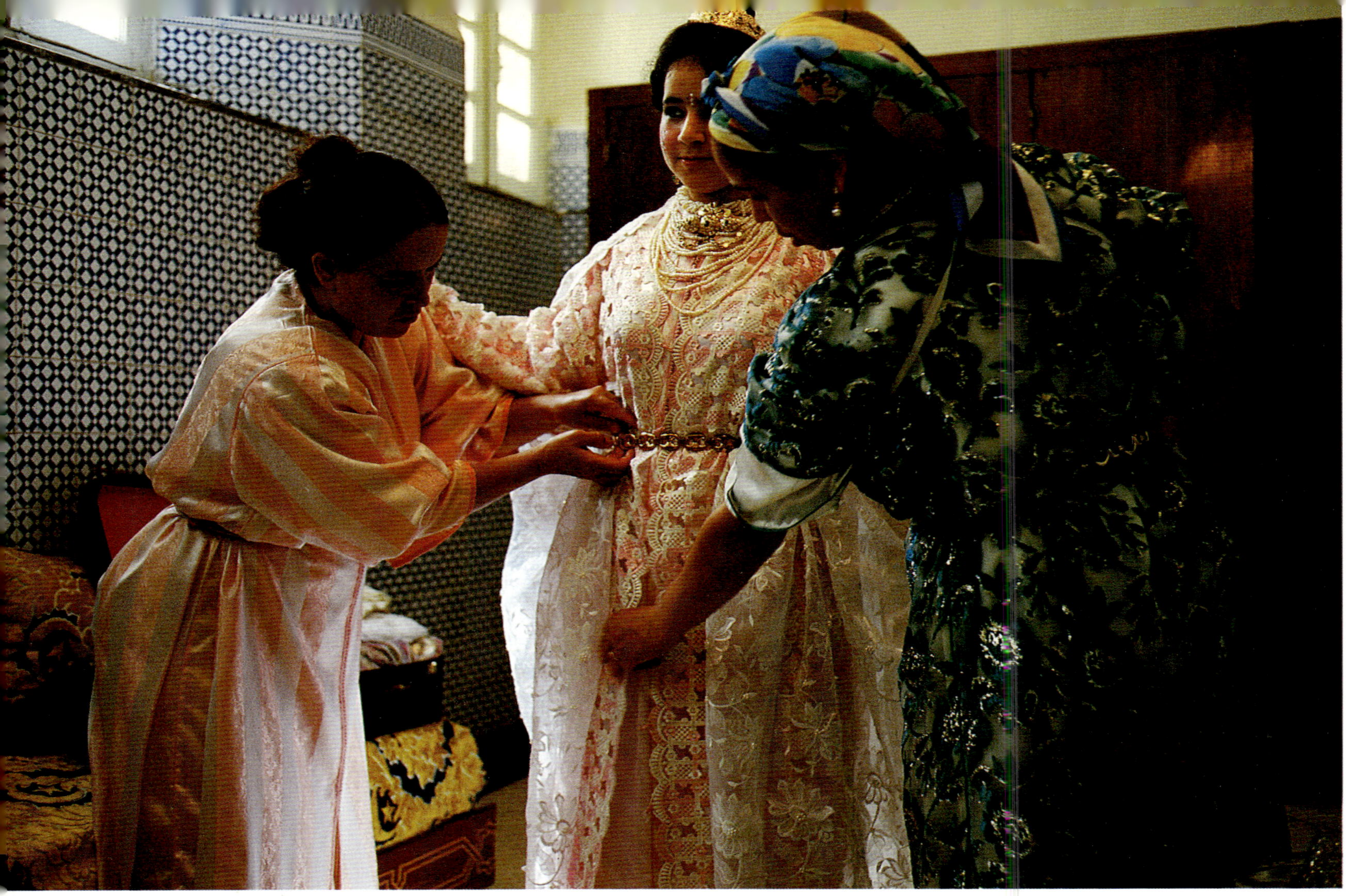

purificatrices de la *lausonia inermis*, la plante cultivée dans les chaudes oasis du sud du Maroc et dont on extrait le henné. « Les extrémités du corps – dit-elle en improvisant avec un fil de pâte une arabesque sur les doigts de Melika – sont particulièrement vulnérables. Elles peuvent permettre aux démons et au mauvais œil d'accéder facilement aux centres vitaux. Appliqué sur les mains et les pieds, le henné dresse une barrière qui protège la mariée de toutes les influences malignes possibles. » On dit que le henné vient du paradis. Diffusé dans tout l'islam, le henné a depuis des siècles un rôle prophylactique et propitiatoire dans les cérémonies nuptiales marocaines. Son nom arabe, *al hinna*, qui sonne comme les mots *hnana* (tendresse) et *hna* (paix), évoque ses liens avec les vertus du mariage. « Dans le temps – dit la *neggafa* – la nuit du henné, puisque c'est le nom de la cérémonie qui précède les noces, se faisait suivant un cérémonial très complexe. Le henné devait être préparé par sept *mezwarat* (premières épouses) qui le pétrissaient dans un mortier avec de la lavande, des clous de girofle, du safran et du myrte. Le khôl devait lui être préparé un jeudi plein de soleil par une femme ménopausée. »

L'air est saturé de parfums : celui de la pierre d'alun (*shebba*), du *peganum harmala*, du bois de santal et de la *sharghina*, qui brûlent dans un petit brasier en argent pour protéger la mariée contre le mauvais sort.

La *neqqacha* lave la pâte sombre et sèche et la *neggafa* prend la main de Melika ; elle est impatiente de lire dans l'ocre laissé par le henné des indices sur le caractère de la mariée. Son visage se détend. Le croisement d'arabesques serrées a une belle couleur vive, indice irréfutable d'une âme pure et généreuse. Alors se lèvent les *youyous*, et la *maalma* asperge d'eau de rose Melika et toutes les femmes présentes dans un geste qui porte bonheur en même temps qu'il congédie.

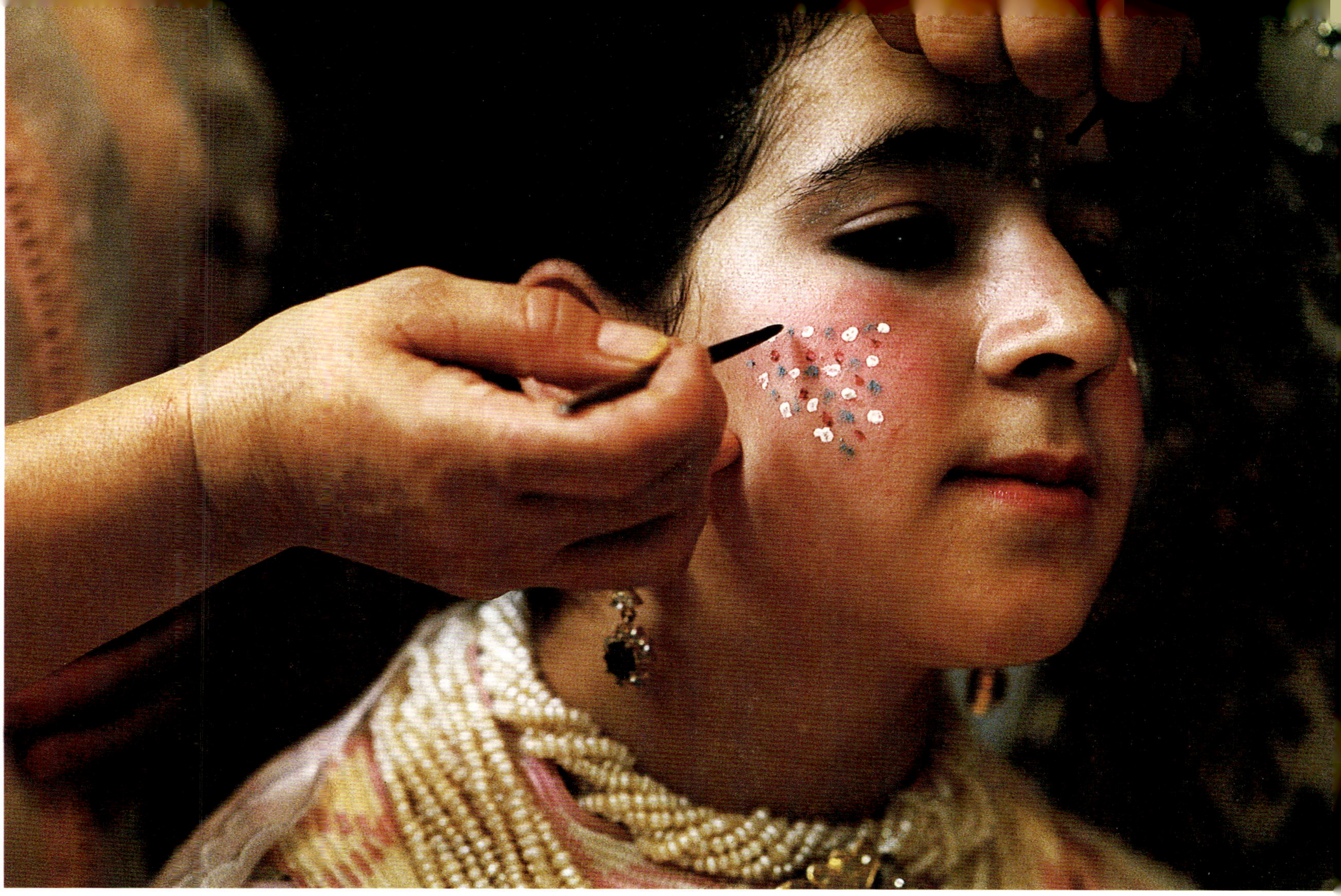

Si la cérémonie du henné a lieu le vendredi, le samedi est traditionnellement le jour fixé pour la réception. L'événement est l'arrivée de la mariée. Le cérémonial impose à la jeune Melika de se présenter devant les invités hissée sur une *ammaria*, version moderne de la chaise à porteurs sur laquelle les fiancées étaient autrefois portées par les *neggafa* jusqu'à la maison de leurs promis. Précédée par son futur époux en *djellaba* blanche et *fez* amarante, enfermée dans une sorte de tabernacle en velours vert enrichi de broderies argentées, Melika ondule sur les épaules de quatre *neggafa*. C'est le début d'une longue nuit, qui sera ponctuée par les apparitions successives de la mariée, chaque fois dans une tenue différente : des vêtements et des bijoux fastueux qui doivent forcer l'admiration et provoquer les applaudissements des invités.

La chaleur de l'été est étouffante, presque insupportable, mais les *neggafa* n'ont aucun répit ; il y a toujours quelque chose à faire : piquer une épingle, dessiner entre les sourcils de Melika et sur ses joues rosies par l'*aaqar* une multitude de points blancs et bleus en cercle ou en triangle…

Le traditionalisme de Fès, la ville la plus conservatrice du Maroc, a su maintenir, malgré l'inévitable modernisation, les aspects les plus caractéristiques de la cérémonie nuptiale.

La *fatiha* – prière que chaque musulman adresse à Allah – récitée conjointement par les deux familles à la mosquée, place la future union sous la protection divine ; l'acte de mariage devant le notaire la rend légale ; mais la *doura* est le rituel qui scelle publiquement, devant tous les invités, l'union sentimentale des époux.

Pour la *doura* Melika doit porter *el-joubar*, la tenue de perles qui a rendu célèbres les épouses de Fès. Les *neggafa* l'aident à enfiler le pesant caftan en brocart rose avec des motifs floraux. Puis elles protègent son cou avec un foulard rembourré avant de poser un lourd plastron en carton recou-

Les tenues de noces sont préparées en signe de bon augure par les *neggafa* pendant le Ramadan. Les perles sont achetées au cours du pèlerinage à La Mecque.

Melika revêt la parure de perles complétée d'un brocart de soie et d'or dont le nom *khirb* rappelle qu'il a coûté très cher à la famille.

vert de velours sur lequel est fixé le *lebba*, avec cinq rangs de pendentifs ajourés. La *saanaa*, la plus ancienne des assistantes, lui enroule deux colliers de perles autour du cou et complète sa coiffure avec les *nouassi*, deux bandes de tissu brodées d'or et de perles qui descendent le long du buste jusqu'à la taille. Ces parures sont préparées pendant le Ramadan par les *neggafa*. Par le jeûne et la prière, elles appellent la bénédiction divine sur toutes les épouses qui les porteront.

Dans sa tenue d'*el-jouhar*, Melika n'a plus rien de la jeune fille moderne que nous avons rencontrée. Elle est l'icône des mariées d'un autre âge, évocatrice des splendeurs pharaoniques. Assise en tailleur sur la *mida*, le visage entouré de perles et surmonté d'un diadème en argent doré, le corps complètement dissimulé sous le *khirb* en brocart de soie blanche et rouge tissé de fils d'or, Melika ressemble à un sphinx.

Hissée sur les épaules de quatre *neggafa*, elle est portée en procession au milieu des *youyous* de joie et d'admiration. Sur une autre *mida*, le marié oscille sur les épaules de quatre porteurs. La musique emplit la salle et l'excitation grandit. Insensibles au poids, *neggafa* et porteurs rapprochent les deux *mida* dans un mouvement de balancement. Comme le veut la *doura*, le marié se penche et embrasse la mariée sur le front à l'endroit où est posé le pendentif du *khit el rih*, le fil du vent. Apparemment satisfaite, la *maalma* applaudit au rythme de la musique. Puis d'un geste brusque elle rappelle ses assistantes et Melika est soustraite au regard des invités.

La réception arrive à son terme. Dans la chambre réservée à l'habillage, la *neggafa* congédie tout le monde et demande qu'on la laisse seule avec la mariée. Est-ce un adieu ? Un dernier conseil ? Aucune question n'est autorisée. Aucune réponse ne sera donnée.

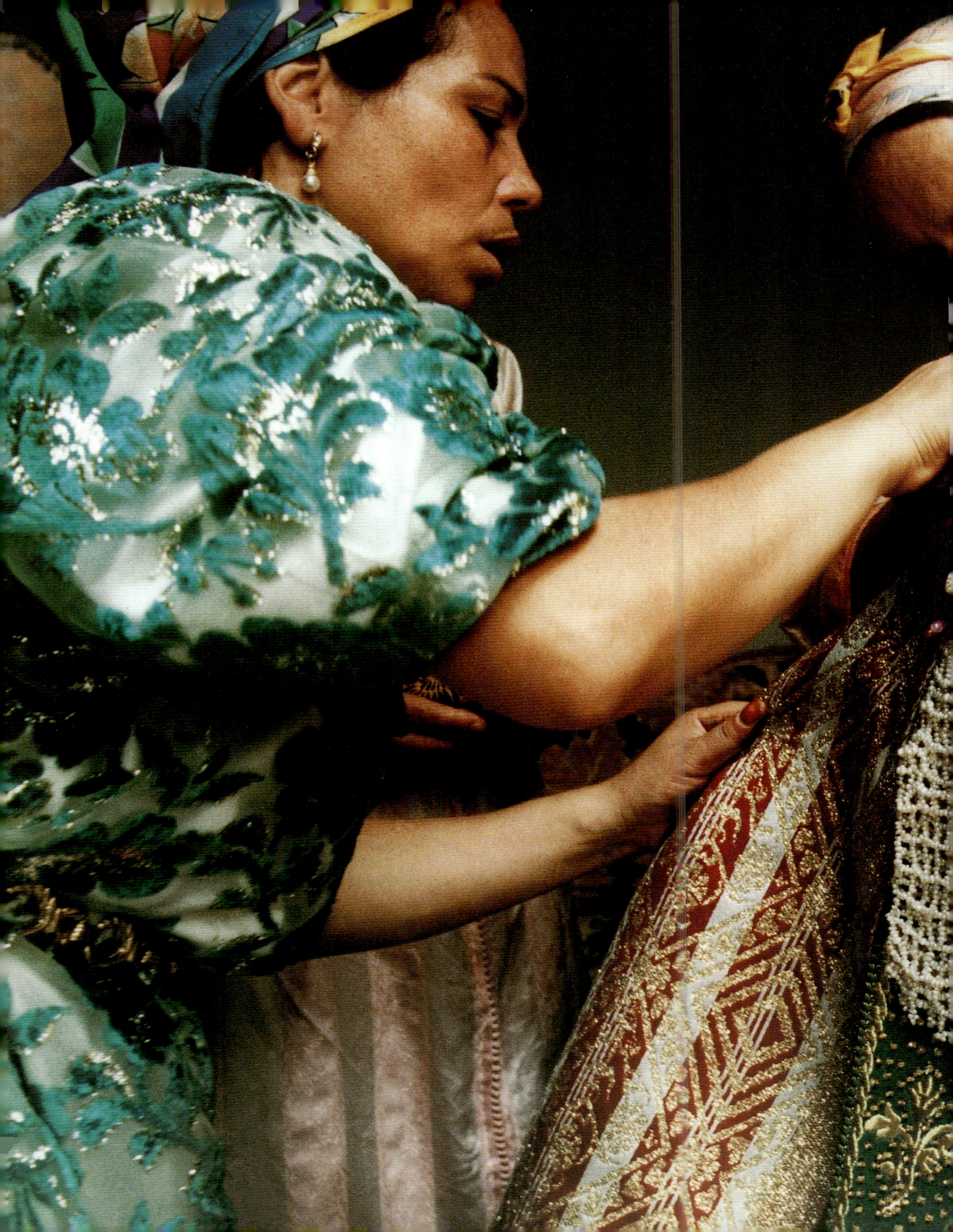

À droite
Arrivée de Melika portée sur une *ammaria* recouverte de velours brodé (à droite).
Ci-dessus et double page suivante
Les époux sur la *mida*, portés sur les épaules pendant la *doura*.

X

L'or qui recouvre les épouses minangkabaus est un héritage de l'époque où Sumatra était connue comme la terre de l'or.

La coiffe en forme de cornes de buffle est le symbole de la place qu'occupent les femmes dans la société matriarcale minangkabaus.

L'OR
des Minangkabaus de Sumatra

Les bijoux sont la propriété du clan maternel et lui sont restitués après le mariage.

C'est à peine si l'on voyait Levina Rosa. Elle disparaissait derrière les nombreuses femmes qui s'affairaient autour d'elle pour apporter la dernière touche à cette coiffe élaborée en tissu à trame d'or, le *takuluak*. Avec sa forme en cornes de buffle, elle est le symbole de l'importance des femmes et de leurs descendantes dans la société matrilinéaire des Minangkabaus.

La grand-mère, chef de famille, a sorti d'un coffre une parure en bois marqueté couvert de feuilles d'or, elle aussi en forme de cornes de buffle, et elle l'a posée sur la tête de sa petite-fille. Porté depuis plus de deux siècles par les femmes de son lignage le jour de leurs noces, le *takuluak emas* en bois doré fait partie de l'héritage familial et se transmet de mère en fille.

Levina Rosa, fille de l'un des deux chefs du clan Kutiangiri de Lintau, est originaire du district (*luah*) de Tanah Datar, le plus ancien centre minangkabau de Sumatra, connu depuis l'époque de Ptolémée sous le nom de *Yavadvipa*, l'île de l'Or.

Selon la légende, ils seraient les descendants d'Alexandre le Grand ; selon les ethnologues, ils sont originaires de la Chine méridionale. Quoi qu'il en soit, les Minangkabaus – ce qui signifie « buffle victorieux » – se sont d'abord installés sur les pentes du mont Merapi, une région à l'époque riche en mines d'or.

Célèbre depuis l'Antiquité pour la qualité de son or et située au croisement des routes entre l'Inde et la Chine, Sumatra profita jusqu'à la colonisation hollandaise du commerce florissant de ce précieux métal. Des pirogues pleines d'or descendaient les fleuves du Tanah Datar jusqu'à la côte orientale et revenaient chargées de soieries et autres marchandises provenant de la Chine et de l'Inde.

L'or avait une telle importance dans l'économie des royaumes minangkabaus que leur roi, Adity Awarman, un prince arrivé sur l'île au XIVe siècle, se faisait appeler Suwarnadwipa, le « Seigneur de la terre de l'Or ».

Vestige des splendeurs de la cour de Pagarruyung – l'ancienne capitale minangkabau – le précieux métal est encore aujourd'hui très présent dans les costumes et dans les décorations des cérémonies nuptiales de Sumatra.

Les bracelets, colliers, ceintures et épingles, en or pur ou laminé, ne sont pas seulement des signes de richesse ; ils font partie intégrante de l'*adat*. Cet ensemble de règles, qui constitue le code de comportement des Minangkabaus depuis des temps immémoriaux, s'applique à tous les domaines, y compris lorsqu'il s'agit de choisir les habits et les bijoux à porter le jour de son mariage.

Un tissu de cérémonie à trame d'or, le *songket*, couvrait les hanches de Levina Rosa comme un sarong. Il était décoré de quatre bandes d'or représentant les quatre vertus demandées à la

Levina Rosa et Yulfariki Abdul Aziz dans le costume du *Tanah Datar* le jour de la cérémonie *adat*.

Levina Rosa s'habille et porte les bijoux de famille pour la cérémonie *adat* : sur la tête, un très vieux et très rare *takuluakemas* en bois doré. Autour de son cou, des colliers en or et en corail du Tibet datant du XIXe siècle.

femme minangkabau : la sérénité, la sagesse, la parcimonie et la capacité de gérer au mieux la maison et les biens de la famille. Dans ce système matrilinéaire, la terre appartient aux femmes et se transmet de mère en fille.

Les tisserands du quartier aux textiles, situé aux alentours de Bukkitinggi, appellent le *songket* la « peau de l'*adat* » ; en effet les motifs ornementaux de ce sarong de mariée sont autant d'enseignements *adat* inspirés de la nature, dans laquelle les Minangkabaus puisent les préceptes fondamentaux de leur existence.

« La nature est notre maître, nous a dit la mère de Levina Rosa en citant un dicton *adat*. Le bambou, a-t-elle continué en indiquant une figure de triangle isocèle sur le tissu, symbolise les trois hommes qui sont chargés de la sauvegarde de notre culture : le *pangulu*, chef du clan responsable de l'*adat* ; l'*ulama*, chef spirituel gardien des principes islamiques et les *cadiak pandai*, les sages qui décident de l'avenir du village. »

« L'*itiak pulang patang*, a-t-elle ajouté en faisant courir son doigt sur une série de "s" obliques serrés les uns contre les autres, représente les canards qui rentrent à la maison en fin d'après-midi. Ils nagent dans les étangs, mangent dans les champs de riz, mais le soir, en file indienne, ils rentrent toujours chez eux. Comme les canards, les Minangkabaus, même s'ils sont loin, ne doivent pas oublier leur foyer. »

Emmaillotée dans le *songket* et dans sa tunique de velours noir – la couleur du clan – Levina Rosa avait du mal à bouger. Malgré les heures de travail, les femmes autour d'elle ne semblaient jamais satisfaites du résultat. Elles discutaient le moindre détail. La jeune fille devait-

elle porter tel ou tel ensemble de bracelets ? Fallait-il ajouter aux colliers en or et aux coraux du Tibet un pendentif en filigrane d'or rappelant le *rumah adat*, la maison minang au toit en forme de cornes de buffle ? Elles auraient pu continuer ainsi pendant des heures si un parent n'avait pas poussé la porte de la chambre pour annoncer qu'il était temps de se rendre chez le marié.

Précédée par un messager avec le *cerano* de cuivre qui contient les ingrédients pour le bétel à mâcher, et escortée par quatre demoiselles d'honneur, les *sumandan*, Levina Rosa s'est dirigée vers la maison d'Abdul Aziz. Un cortège de femmes les suivait. Elles portaient des plateaux chargés de nourriture, avec entre autres le poisson rôti, symbole du lien indissoluble que chaque nouveau mariage crée entre deux familles.

Levina Rosa a été accueillie par une pluie de riz jaune au tamarin en signe de bénédiction. Puis on l'a installée au milieu des coussins et des draps brodés sur le *palaminan*, l'estrade nuptiale dressée à l'intérieur de la *rumah adat* où les époux reçoivent les félicitations des invités.

Dans la tradition minang, après la cérémonie religieuse qui scelle légalement l'union des deux époux, le couple doit se rendre chez le marié pour une cérémonie *adat*. Cette dernière permet aux membres des deux familles de mieux se connaître, consacrant ainsi l'union du clan que le mariage vient de créer.

Abdul Aziz et Levina Rosa sont restés assis pendant des heures, immobiles, tandis que devant eux les représentants des différents clans se lançaient dans une joute verbale à grands coups de poèmes rimés, les *pantum pantum*.

« La mariée et le marié sont assis côte à côte comme le soleil et la lune. Les invités sont heureux : l'espoir est devenu réalité en exauçant nos vœux », chantait un invité. Un autre lui répondait : « Le marié et sa jeune épouse, unis comme la poignée et la chaîne du porte-bétel, seront épargnés par le mauvais sort et tenus loin du danger. Qu'il leur soit accordé de l'or en abondance et un jardin rempli d'enfants. »

Pendant que les hommes s'affrontaient en paroles, les femmes distribuaient aux invités les neuf sortes de gâteaux envoyés par les oncles et tantes de l'époux en signe de respect et de richesse : riz épicé au tamarin, cornes à la noix de coco et le *galamai*, gâteau à la farine de riz et au lait de coco, symbole *adat* de la douceur du mariage.

Même s'ils étaient déjà mariés aux yeux de l'islam après la cérémonie religieuse qui s'était tenue le jour précédent, Levina Rosa et Abdul Aziz ne pouvaient pas consommer leur union tant que les rites nuptiaux imposés par l'*adat* n'étaient pas terminés.

Convertis à l'islam depuis le XVIe siècle, les Minangkabaus sont de fervents musulmans. Ils ont trouvé le moyen de concilier leur organisation matrilinéaire dérivée de l'*adat* avec les principes islamiques, associés à une structure sociale de type patriarcal.

« L'islam ordonne ce qui doit être fait, l'*adat* précise comment le faire », ont-ils coutume de dire, ce qui sous-entend que l'*adat*, qui dicte leur conduite, est basé sur la doctrine coranique. Les rituels nuptiaux *adat* sont alternés avec ceux imposés par la religion musulmane.

La cérémonie prénuptiale appelée *malam bainai* est *adat*. C'est une espèce d'adieu à la nubilité, intime et émouvant, dont le mari est exclu. Chacune à son tour, sept femmes, choisies

Procession de la mariée vers la maison de son époux. Une pluie de riz au tamaris lui souhaite la bienvenue.

Double page suivante
Levina Rosa attend l'arrivée de son époux à côté des *sumandan*.

parmi ses parentes et amies, aspergent d'eau les mains et les pieds de la fiancée dans un geste de purification ; elles évoquent des épisodes de son enfance, elles l'encouragent à respecter son mari et à ne pas oublier sa mère ; enfin, elles peignent ses ongles au henné, signe irréfutable qu'elle est désormais promise à un homme.

La cérémonie du *nikah* adhère, en revanche, aux préceptes de l'islam. Elle scelle l'union des époux devant le *kadi* avec la lecture du consentement et l'échange des anneaux.

Le matin du *nikah*, Rosa Dina, ingénieur dans le bâtiment et issue d'une famille minangkabau originaire de Solok, s'était retirée dans la chambre nuptiale. L'air grave sous sa coiffe en voile noire surmontée d'une plaque dorée couverte de fleurs en feuilles d'or, Rosa Dina attendait que son père vienne lui demander son accord pour donner sa main à Syahrial Sakni, un jeune mathématicien spécialiste du calcul actuariel.

La maison avait été vidée de tous ses meubles ; le sol était recouvert de tapis épais sur lesquels on avait dressé des nappes couvertes de nourriture ; les murs étaient tapissés de draps dans les trois couleurs de la tradition : rouge, symbole du courage, jaune en signe de prospérité et noir, symbole du commandement et de la ténacité. Au fond de la salle, on avait installé le *palaminan*, le baldaquin, autrefois réservé aux noces des rois et des nobles. Il représente aujourd'hui l'alcôve nuptiale, symbole de fertilité pour les Minangs.

Ces décorations, très nettement marquées par l'influence chinoise, sont un héritage des fréquents échanges qui existaient entre les Minangkabaus et les marchands venus de Chine. Une légende raconte qu'un empereur chinois demanda sept fois sa main à Bundo Kanduang, reine des Minangkabaus. À chaque fois, il accompagna sa demande d'un présent, gage de son amour. Son dernier cadeau fut l'ornement pour le baldaquin royal. Mais alors que les précieuses soieries étaient en route pour l'île de l'Or, l'empereur mourut. C'est depuis ce jour-là que la soie et le brocart ornent le baldaquin nuptial, en mémoire de la générosité de l'empereur chinois.

La décoration et les ornements du *palaminan* ont une signification symbolique. Le nombre des tentures de soie révèle la classe sociale des époux.

Les décorations du *palaminan* sont des pages de l'*adat* : les coussins brodés d'or placés à côté des deux époux symbolisent le soutien qu'ils se doivent l'un à l'autre ; un papillon brodé sur un feston rappelle à la jeune mariée qu'une maîtresse de maison vertueuse est pareille au papillon : elle fait resplendir la communauté ; les bourgeons de laine brodés sur un coussin enseignent aux pères à élever leurs enfants tout en veillant sur ceux de leurs sœurs ; les langues de tissu en forme de cravates qui pendent du baldaquin invitent les époux à faire attention aux mots qu'ils utilisent ; et les rideaux de soie tendus derrière le siège nuptial, d'autant plus nombreux que la classe sociale du couple est élevée, indiquent que les époux doivent savoir contrôler leurs instincts charnels pendant quelques jours avant de consommer le mariage.

Le côté *adat* de la cérémonie traditionnelle impose en effet au marié de passer ses premières nuits de noces avec sa femme en présence d'un chaperon – dans le temps, on confiait à une vieille parente le soin de dormir sous le lit matrimonial pour s'assurer que le mariage n'était pas consommé prématurément. Il doit parler toute la nuit avec sa nouvelle épouse et abandonner sa maison à l'aube pour retourner chez sa mère.

La vie commune des époux ne pourra vraiment commencer qu'après le *basandiang*, une réception fastueuse qui conclut les noces. Comme nous l'a expliqué le père d'une mariée de Pandang, cette cérémonie permet aux Minangkabaus « d'être des rois, l'espace d'une journée ». L'or est partout. Sur les décorations, dans les habits et surtout sur le *suntiang*, la coiffe aux influences chinoises qui a fait la célébrité des épouses de la Sumatra occidentale. Symbole du

poids des responsabilités qui pèsent sur les femmes dans une société matrilinéaire comme celle des Minangkabaus, le *suntiang* est un diadème enrichi d'ornementations dorées en forme de fleurs, d'oiseaux et d'étoiles fixées en éventails comme la queue d'un paon.

Sous cette pesante coiffe (presque cinq kilos), la mariée minang ne peut ni tourner ni baisser la tête. Elle doit rester immobile pendant d'interminables heures aux côtés de son mari, souriant à peine, baissant les paupières comme une reine afin de remercier les invités qui attendent leur tour pour rendre hommage au couple.

Le jour du *basar diang*, la maison de Levina Rosa était pleine de monde. Les hommes et les femmes, rigoureusement séparés, étaient assis devant les nappes dressées ; les mères essayaient de retenir quelques enfants débordants de vie qui voulaient se jeter sur les bonbons en gélatine colorée en forme d'oursons.

Annoncé par le son des gongs en bronze ou en cuivre, les *talempong*, Abdul Aziz, en tunique et pantalon d'or, a fait son entrée sur le seuil de la porte. La mère de Levina Rosa s'est inclinée, elle a pris une cruche en bronze et elle a versé sur ses pieds quelques gouttes d'eau en signe de bienvenue. Abdul Aziz, en s'inclinant légèrement, lui a montré la petite bourse en argent contenant le bétel sans laquelle le marié n'a pas le droit d'entrer dans la maison de la mariée ; puis, pieds nus, il a rejoint sa reine en marchant sur le tapis blanc porte-bonheur, chemin symbolique vers une nouvelle vie.

Différents moments
de la cérémonie religieuse
appelée *nikah*.

Préparation de Rosa Dina avec la coiffure traditionnelle du détroit de Solok.

Pendant le *nikah*, Rosa Dina et Syaharial Sakni échangent les anneaux nuptiaux et écoutent les sermons du *kadi* et les discours des invités.

Époux et parents sur l'estrade décorée pendant le *basandiang*, réception qui conclut les noces.
Rosa Dina avec le *suntiang* qui pèse plus de cinq kilos.

Les époux reçoivent les félicitations
des invités et assistent aux danses exécutées
en leur honneur.

GLOSSAIRE

INDONÉSIE (Minangkabau)

adat : règles de conduite des Minangkabaus.
bako : les frères et les sœurs du père de l'époux.
basandiang : réception de mariage.
cadiak pandai : sages du village.
cerano : récipient en cuivre contenant les ingrédients pour le bétel à mâcher.
galamai : gâteau typique, emblème de la douceur du mariage.
itiak pulang patang : canards rentrant chez eux ; motif ornemental sur les tissus et les maisons.
luah : district.
malam bainai : cérémonie prénuptiale d'adieu à la famille.
nikah : rituel de noces religieux à la mosquée ou chez la mariée.
palaminan : estrade ou baldaquin nuptial.
pangulu : chef du clan.
rumah adat ou *rumah gadang* : maison traditionnelle avec le toit en forme de cornes de buffle.
songket : tissu de cérémonie à trame d'or ou d'argent.
sumandan : demoiselles d'honneur choisies parmi les femmes mariées de la famille.
suntiang : diadème doré des épouses.
takuluak : coiffe de brocart en forme de cornes de buffle.
takuluak emas : couvre-chef en bois doré.
talempong : série de gongs en bronze ou en cuivre.
ulama : leader spirituel.

CHINE (Miaos noirs et Miaos Petites Fleurs)

laran : nom par lequel est désignée la technique du batik.
lusheng : instruments à vent des Miaos du Guizhou.
phan : oiseau de la mythologie miao.
you fan : art de la séduction.
tiaohuapo : danses sur les prairies fleuries.

INDE (Tamouls)

aarti : geste circulaire dans le sens des aiguilles d'une montre par lequel on appelle une divinité à témoin.
agnipradakshina : rite par lequel Agni, la déesse du feu, est appelée comme témoin des noces.
bindior : point au milieu du front qui, en Inde, distingue les femmes mariées.
dhoti : tissu que les hommes enroulent autour de leur taille.
ghee : beurre fondu.
kanakambaram : petites fleurs orange.
kolam : dessin de bon augure tracé par les femmes les jours de cérémonie et de festival.
kum kum : poudre rouge.
malligai : jasmin ordinaire.
mandap : lieu où s'assoient les époux devant le feu sacré.
mangalsutra : fil de soie jaune torsadé avec un pendentif en or, porté par les femmes mariées.
mullai : variété de jasmin.
Parvati : divinité hindoue, femme de Shiva.
rakoli : bijou rond porté au milieu des cheveux sur la nuque.
samskara : rituels purificateurs qui marquent les différents stades de la vie des Hindous.
saptapadi : rituel nuptial des sept pas.
sindoor : poudre rouge sur la raie centrale des cheveux des femmes mariées.
thalai : diadème en or ou en perles et en pierres.
tika : point au milieu du front dessiné avec le *kum kum* en signe de bénédiction.
vagdanam : cérémonie de fiançailles.
varmala : rituel pendant lequel les époux s'échangent des guirlandes de fleurs.

TIBET

borchen : gros clous en argent.
chakra : roue de la vie.
chang : boisson fermentée à base d'orge.
charma : ceinture.
dri : femelle du yak.
gao : reliquaire en argent et en or.
khata : écharpe en soie blanche, portée en signe de bon augure et de bonheur.
losar : gros médaillon en argent.
nathag tak : dons faits aux parents de la mariée.
nyenpo : un personnage éminent de la famille du marié.
pöden : coiffure-bijou des Tibétaines.

NIGER (Bororos et Touaregs)

abalu : ustensile avec une pointe en fer utilisé par les femmes touaregs pour creuser les trous des poteaux de la tente.
azalay : rituel touareg qui marque le changement de résidence des époux et le début de la vie en commun.
barkehi : arbre de la bonne fortune.
cure salée : période pendant laquelle on emmène les troupeaux paître dans des zones riches en sel.
daddo : sorte d'école d'initiation bororo où sont enseignées les relations amoureuses.
djinns ou *kel-essuf* : génies malfaisants du désert.
geerewol : danse qui donne son nom au rassemblement pendant lequel les hommes de deux lignages rivalisent de beauté.
gris-gris : talismans.
ilugan : manège de chameaux.
inaden : forgerons.
karmari : pâte blanche, élément du maquillage bororo.
kel-essuf : génies du désert.
koobgal : mariage endogame combiné par les familles.
kore : appellation bororo qui désigne les enfants promis au mariage.
kori : lits desséchés des fleuves.
marabout : religieux.
oued : lit sablonneux d'un fleuve desséché.
pura : ocre jaune.
ruume : danse (qui a lieu aussi bien pendant le *worso* que pendant le *geerewol*) exécutée en cercle par les Bororos d'un même lignage.
samri : responsable des *sukaabe*.
sukaabe : jeunes hommes entre 15 et 35 ans qui peuvent prendre part aux danses.
sura : l'un des 114 chapitres qui composent le Coran.
surbaabe : jeunes femmes bororos.
tagelmoust : voile des Touaregs.
taggalt : prix de la fiancée.
takuba : l'épée.
tamagsoit : pâte d'argile rouge pour adoucir la peau.
tamashek : langue des Touaregs.
teegal : mariage libre ou par enlèvement entre deux personnes de lignages différents.
tende : mortier transformé en tambour avec une peau de chèvre.
togu : charme.
wodaabe : nom des Peuls bororos.
worso : rassemblement annuel pour célébrer les naissances et les mariages de l'année.
yake : danse de séduction pendant laquelle les hommes de deux ou plusieurs lignages rivalisent sur une même ligne.

MAROC (Fassi et Berbères)

abroc : voile à capuche en soie rouge des épouses berbères.
ahidous : danse berbère pendant laquelle hommes et femmes s'affrontent sur deux lignes.
ahouach : danse berbère exécutée en cercle.
al hinna : henné.
ammaria : chaise à porteurs.
asbig n iquazzain : bracelets en argent à douze pointes portés par les femmes Aït Atta.
banco : argile mélangée avec de la paille usagée pour construire les maisons.
baraka : chance, bonne fortune.
chabba : cristal.
djellaba : longue tunique avec capuche.
doura : rituel pendant lequel les mariés sont balancés sur une chaise à porteurs.
el oud : bois de santal.
el-jouhar : la tenue de perles.
fakir : homme de religion.
fatiha : prière d'ouverture et de fermeture du Coran qui scelle chaque décision dans le monde musulman.
glissa : siège sur lequel est assise la mariée pendant la cérémonie du henné.
hammam : bain de vapeur.
hchouma : terme intraduisible qui signifie à la fois pudeur et honte.
hna : paix.
hnana : tendresse.
khirb : lourd vêtement en brocart à trois couleurs (or, blanc et vert ou rouge) porté avec la tenue de perles.
kith el rih : fil du vent, bijou porté sur le front.
lebba : large bijou fait de plusieurs séries verticales de gouttes d'or et d'argent ; il est porté sur la poitrine.
l-isar : voile qui accompagne le caftan.
lluban : ambre.
maalma : appellation par laquelle les assistantes s'adressent à la *neggafa*.
mezwarat : premières épouses.
mida : chaise à porteurs utilisée pour la doura.
neggafa : littéralement « celle qui sait », organisatrice de mariages, maître de cérémonie.
neqqacha : professionnelle de la pose du henné.
nouassi : bandes de tissu brodées d'or et de perles qui entourent la tête de la mariée.
ouazira : témoin amie de la mariée chargée de l'assister.
saanaa : plus ancienne assistante de la *neggafa*.
selta : torsade de perles qui orne la naissance des cheveux.
serwal : pantalon en coton serré sous les genoux.
sharghina : plante au pouvoir prophylactique.
siouak : rouge pour les lèvres tiré de l'écorce de la racine de noyer.
tellunt : tamis pour la farine et tambour en peau de chèvre.
tkhmel : collier formé par une chaîne de petits cylindres en or.
zgharit ou *youyous* : vocalises chantées par les femmes qui accompagnent toutes les manifestations joyeuses.
zrair : rubans de perles qui entourent le visage de la mariée fassi.

LAPONIE

gallokak : bottes en peau de renne serrées à la cheville.
yoik : poème lyrique chanté en solo et *a capella*.
lappu : confins extrêmes.

BIBLIOGRAPHIE

Baldizzone T. et G., *Le Tibet des brigands gentilshommes*, Éditions du Chêne, Paris, 1995.
Deweirdt, Gandia, Moniez, *Le Tibet*, Éditions Peuples du Monde, Paris, 1991.
Gabriel Hannalore, *The Jewellery of Nepal*, Weatherhill, New York, 1999.
Namkhai Norbu, *Viaggio nella cultura dei nomadi tibetani, Shang-Shung*, Edizioni Arcidosso, 1990.
Stein R.A., *La Civiltà tibetana*, Einaudi, Torino, 1994.
Zu Windisch-Graetz S. e G., *Gioielli del Himalaya*, Renè Coeckelberghs Editore, Milano, 1982.

INDE

Basham A.L., *The Wonder that was India*, Rupa & Co, Delhi, 1998.
Bhandari V., Kashyap R., *Celebrating dreams, Weddings in India*, Prakash Books, Delhi, 1999.
Newman Cathy, *Perfume*, National Geographic Society, 1998.
Pandey Rajbali, *Hindu Samskaras*, Motilal Banarsidas Publishers, New Delhi, 1998.
Thomas P., *Hindu religion customs and manners*, Taraporevala sons & co plt., Bombay, 1969.

INDONÉSIE

Sativa Sutan Aswar, *Ansakesuma Embroidery in the Minangkabau Adat*, Penerbit Djambatan, Jakarta, 1999.
Stenger Frey Katherine, *Journey to the land of the earth goddess*, Gramedia Publishing, Jakarta, 1986.
Sumatra, *Periplus Adventure Guides*, Hong Kong, 1996.
Summerfield & other authors, *Walk in Splendor, cerimonial dress and the Minangkabau*, Ucla FMCH, Los Angeles.

LAPONIE

Bosi R., *Lapponi*, Nardini Editore, Fiesole, 1995.
Olaus Magnus, *Historia de gentibus septentrionalibus.*
Paolo Diacono, *Historia Longobardorum.*
Pavesi R. e Curioni, *M. Tekking in Lapponia*, Calderini, Bologna, 1993.
Procopio, *I Goti. Storia delle guerre.*
Spencer A., *Les Lapons peuple du renne*, Armand Colin, Paris, 1985.
Turi Johan, *Récit de la vie des Lapons*, L'Harmattan, Paris, 1997.

MAROC

Bernezat O., *Hommes et vallées du Haut-Atlas*, Glénat, Grenoble, 1987.
Bertrand A., *Tribus berbères du Haut-Atlas*, Edita-Vilo, Lausanne, 1977.
Hamadi, *Recits des hommes libres,* Seuil, Paris, 1998.
Idali-Demeyere, Ahouach, *Quatre saisons chez les Berbères*, L'Aube, 1999.
Laoust Émile, *Noces berbères.Les cérémonies du mariage au Maroc.* Édisud/La Boîte à Documents, 1993.
Le Tourneau R., *La Vie quotidienne à Fès en 1900,* Paris, Hachette, 1965.
Mack J., *Ethnic Jewellery*, British Museum Publications, London, 1988.
Rabatè J. et M.-R., *Bijoux du Maroc*, Édisud/Le Fennec, Aix-en-Provence, 1996.
Rabatè M.-R. et Goldenberg A., *Bijoux du Maroc*, Édisud, Aix-en-Provence, 1999.
Tauzin A., *Le Henné, art des femmes de Mauritanie*, Ibis Press, Paris, 1998.
Westermarck E., *Les Cérémonies du mariage au Maroc,* Éditions Leroux, 1921.

CHINE

Bernard P. et Huteau M., *Couleurs tribales de Chine*, Anako Éditions, 1989.
China's Minority Nationalities, Edited by Ma Yin, Foreign Languages Press, Beijing, 1989.
Clothing and Ornaments of China's Miao People, The Cultural Palace of Nationalities, Beijing, 1985.
Life Styles of China's Ethnic Minorities, Peace Book Co., Hong Kong, 1991.
Reffet A., *Brodeurs de brume, les Miaos de la Chine secrète*, Éditions Soline, Courbevoie, 1999.
Ziran Bai, *Mœurs et Coutumes des Miaos*, Éditions en langues étrangères, Beijing, 1988.

TOUAREG

Bernus E., *Touaregs nigériens*, ORSTOM, Paris, 1981.
Contes et légendes touaregs du Niger, Karthala, Paris, 1993.
Görög-Karady V., *Les Mariages dans les contes africaines*, Karthala, Paris, 1994.
Mano Dayak, *Je suis né avec du sable dans les yeux*, Fixot, Paris, 1996.
Pandolfi P., *Les Touaregs de l'Ahaggar*, Karthala, Paris, 1998.
Voisin A., *Contes et légendes du Sahara,* L'Harmattan, Paris, 1995.

PEUL

Ba Amadou Hampatè, *Contes initiatiques peuls*, Stock, Paris, 1994.
Chesi G., *Les Derniers Africains*, Artaud, Paris, 1978.
Dauber M., *Le Sahara des Peuls,* Moser, Paris, 1982.
Dupire M., *Organisation sociale des Peuls*, Plon, Paris, 1970.
Dupire M., *Peuls nomades,* Institut d'Ethnologie, Paris, 1962.
Loncke S. et Durou J.-M., *Les Peuls Bororos, nomades du Sahel*, Vilo, Paris, 2000.
Van Offelen M. et Beckwith C., *Nomads of Niger*, Collins, London, 1984.

REMERCIEMENTS

Nous souhaitons remercier en premier lieu tous les couples de mariés et de fiancés qui nous ont accordé le privilège d'assister à leur cérémonie de mariage et de les photographier. Nous sommes conscients que, malgré notre volonté de rester le plus discret possible, ce livre représente tout de même une intrusion dans un des moments les plus importants d'une vie. Nous sommes donc reconnaissants à Sarangan et Jothi ; Levina Rosa et Yulfariki Abdul Aziz ; Ressa et Keke ; Rosa Dina et Syaharial Sakni ; Eini et Jyan ; Raymond et Gusria ; Fatima et Brahim ; Melika et Abdul ; Wu Mejying et Mojian ; Marit Inga et Johan Aslak ; Pema et Nyma Tashi; Zhang Fa Xi, Wang Shun Qin et les Miaos Petites Fleurs ; Fatma et Mohamed ; Fedu, Jika et tous les Sukaabe et les Surbaabe du lignage Bikorawa, Kasasawa et Djamparem. Pour leur accueil et pour leur confiance nous remercions aussi leur famille.

Nous adressons nos remerciements aux personnes suivantes :

En Indonésie : Zainal Bakar SH, Gouverneur de Sumatra Ouest pour son soutien ; Dr H. Shofwan Karim pour son amitié et son aide précieuse ; le Bupati de Tanah Datar Masriadi Martunus et sa famille pour leur généreuse et chaleureuse aide à Batusangkar et Lintau ; et aussi :Al Busyra Basnur de l'ambassade d'Indonésie à Rome ; Yusman Kasim,Se ; Dr Hasrin Mansyur et l'office du tourisme de Sumatra Ouest ; Syofyani Yusaf et son groupe de danseurs ; Putri Bulqish Shofwan; notre amie Maria Felisia Tjoa ; les familles des époux : Datuk Gindo Rustam Sharif et sa famille ; Ir.Mudrika et sa famille ; Ir. Man Nas K Sulaiman S sos et sa famille ; la famille Syahmenan ; HJ.Masnur Lukman. Et aussi :Antonia Soriente, Yal Darwis,Sh; Arifin.

En Inde : nos amis Malathi et Rama Ramaswami et l'agence Indebo de New Delhi ; Suniti Narayan; Smt. Gayathri Sankar et Lt.-Col. J.Sankar ; Smt. Rajam Narayanamurthy et Sri L.R.Narayanamurthy ; Maj Gen A. Balasubhramanian.

Au Niger : Rissa Ag Boulla, ministre du Tourisme ; notre ami Ghalidou Mahoumoudane et son agence Air Voyage d'Agadez pour son aide constante ; le Directeur général du ministère du Tourisme à Niamey ; Alberto Nicheli et Transafrica ; Moussa Aouarakum ; Hasan, et l'incomparable Wodaabe.

Au Maroc : Mohamed Melehi ; Henia Chikhaoui Trachène, conservateur du Musée Batha à Fès pour le temps et l'aide qu'il nous a accordés ; le directeur de l'office du tourisme de Fès ; Metiri Mohamed ; Samia Menjili ; les neggafa Hadja el Batoul et ses assistantes à Fès et Atrash Naima à Asilah ; Mehdi El Abbadi et La Maison Bleue de Fès ; Ikrame Alami ; Lebbar Abdelmalek ; Idir Ougunir ; Lahcen M'Hamdi ; Bahssine Ali.

En Chine : Sun Hong del CITS di Guyang ; Zhang Tsai Xiu, Zhu Yueng Zhen ; Wang Jiaying, Zhang Fu Fen ; les familles de Mojian et Wu Meijing.

En Norvège : Inger Marie Olino Gaino ; Kirsten Berit ; Ragnhild Nystad, membre du Parlement Sami ; Maria Laakso du Tourist Information Office d'Enontekio ; May Kirsti Turi et le Karasjok Oppelvelser as.

Au Tibet : nos amis du Kham et en particulier Nyima Tsering et Rinchin Drolma.

Merci à Julie Rouart et Axel Buret pour l'attention et l'enthousiasme avec lesquels ils ont travaillé à ce livre et enfin un grand merci à notre amie Carla Milone Parato pour son soutien logistique dans l'organisation de nos voyages.

Achevé d'imprimer en août 2001 sur les presses de Grafedit, Italie.